Maurizio D'Ambra

TÉCNICAS DE COMUNICACIÓN

dve
PUBLISHING

Diseño gráfico de la cubierta de Studio Tallarini.

Dibujos de Antonio Tubino.

© Editorial De Vecchi, S. A. 2019
© [2019] Confidential Concepts International Ltd., Ireland
Subsidiary company of Confidential Concepts Inc, USA
ISBN: 978-1-64461-437-2

ÍNDICE

PRÓLOGO

Este libro ha sido pensado para ilustrar algunos modelos de estrategia de comunicación.

Su contenido se ha confeccionado con una voluntad de sencillez, a fin de que el lector tenga en sus manos un instrumento práctico e inmediato sobre las técnicas que se proponen.

Un argumento como la comunicación toca necesariamente una temática muy compleja y, por ello, para ser fieles al planteamiento del manual, se ha elegido una zona restringida de observación y análisis, concentrada en un área muy delimitada y definida de la materia general.

El presente trabajo, que parte de la teoría clásica de la comunicación y de las nuevas propuestas de Paul Watzlawick, pone el acento en la importancia del poder sugestivo de la palabra y se detiene en la reflexión de la capacidad que esta tiene para influir en las estructuras mentales de nuestros interlocutores.

Más adelante nos centramos en la discusión sobre las dinámicas de la persuasión, a fin de examinar los caminos que llevan a conseguir el consenso en las relaciones interpersonales o de trabajo.

El análisis de las necesidades y de los valores que están en la base de los mecanismos que dirigen nuestras opciones y comportamientos ha sido considerado como una de las etapas que deben estudiarse en un proyecto sobre el proceso de persuasión.

El estudio de los mecanismos que influyen en la comunicación individual se ha desarrollado también en una perspectiva más amplia: la de la comunicación con un grupo de personas.

Todas las dinámicas que se refieren a los procesos de la mente y, en general, de la psique humana, son todavía, en el fondo, un territorio que no está completamente explorado ni conocido y, por ello, sería una perspectiva equivocada pretender llegar a los secretos del espíritu humano a través de las páginas de este libro. De todas formas, todo cuanto acabamos de exponer es ya suficiente para que nazcan importantes reflexiones que nos permitan ir hacia los otros, en medio de los avatares de la vida cotidiana, con un nuevo espíritu y una nueva forma de ver las relaciones entre las personas.

La actitud psicológica de no dar nunca nada por supuesto es el punto de partida para descubrir aspectos de nuestros interlocutores que, frecuentemente, quizá no hemos visto jamás, a pesar de estar ante nuestros ojos. Además, es todavía más importante, sea cual fuere nuestra edad, darse cuenta y apreciar todo lo que de válido y bueno existe en la historia personal de los otros, para confrontarlo con nuestra propia realidad y reelaborarlo desde nuestra particular experiencia.

A fin de utilizar de la mejor manera posible el manual que está en sus manos, le invitamos a leerlo con la actitud mental de quien está dispuesto a hacer una serena y tranquila confrontación consigo mismo y con los otros, asumiendo la rica filosofía del antiguo dicho *paratus semper doceri*: debes estar siempre preparado para aprender algo nuevo.

EL VALOR SUGERENTE DE LA PALABRA

Según la teoría clásica, se entiende por comunicación el hecho de transmitir una información o un mensaje desde una fuente emisora a otra receptora.

El proceso de comunicación, según esta teoría, supone:

— un emisor: una fuente que envía el mensaje;
— un receptor: un destino que recibe el mensaje;
— un medio: palabras, imágenes, sonidos, etc.;
— un código: el significado del mensaje;
— el proceso de descodificación: la interpretación del mensaje, es decir, lo que se quiere transmitir.

Una buena comunicación presupone la capacidad de expresarse de un modo claro, comprensible y, en la medida de lo posible, con claridad de lenguaje.

Paul Watzlawick, investigador del Mental Research Institute de Palo Alto, California, ha introducido una nueva variable en el proceso de la comunicación: la recíproca influencia.

Según esta nueva perspectiva, la comunicación es un proceso de intercambio de informaciones y de mutua influencia.

En el acto de la comunicación tiene su importancia, además del contenido (lo que se dice), la forma, es decir, el cómo se dice.

Pensemos, por ejemplo, en la obra teatral *Seis personajes en busca de autor*, de Luigi Pirandello. Esta pieza, puesta en escena por una compañía determinada, apasiona, interesa, estimula la reflexión y agrada; representada, sin embargo, por otra compañía aburre, desilusiona e, incluso, puede llegar a irritar.

Sin embargo, el texto y las escenas son los mismos.

El mismo ejemplo nos sirve si pensamos en los chistes. El mismo chascarrillo contado por distintas personas puede hacer reír, divertir o dejar indiferentes o, incluso, crear situaciones molestas. Si en la comunicación lo único importante fuese el contenido, «lo que se dice», no se daría esta pluralidad de situaciones. Sin embargo, se dan. Y se dan porque en el proceso de comunicación tiene una gran importancia también el «cómo se dice».

Un presupuesto fundamental de la comunicación, según Watzlawick, es que no se puede no comunicar.

Tanto las palabras como el silencio tienen valor de mensaje. Si queremos iniciar una relación con una persona y le dirigimos la palabra, dicha persona podría no respondernos o, incluso, ni siquiera dignarse a mirarnos. Tal persona nos está «comunicando» con esta actitud que no quiere entrar en relación con nosotros. El silencio, en este caso, tiene un valor de mensaje tan fuerte como la palabra. Dejemos por ahora la teoría de Watzlawick para considerar el concepto que da título a este capítulo: «el valor sugerente de la palabra».

Si la comunicación es un intercambio de informaciones con una influencia recíproca, es por tanto fundamental ser conscientes del poder que posee la palabra. «Lo que se expresa impresiona».

En el momento mismo en que pronunciamos una palabra, creamos en nuestra mente y en la de nuestros interlocutores la imagen semántica del contenido de la palabra.

Imaginemos, por ejemplo, que un directivo dice a uno de sus colaboradores: «Señor García, le he mandado llamar porque la situación de su departamento no va como debiera. Los objetivos que nos hemos propuesto todavía no se han alcanzado».

El apelado puede reaccionar ante estas palabras con desilusión, frustración y, quizá, con rencor por la falta de reconocimiento de lo que ha conseguido, al margen de que luego pudiera conseguirse más.

Su disposición mental se ve orientada de forma negativa y, lógicamente, sus reacciones psicosomáticas serán negativas.

Supongamos ahora que otro directivo se dirige al mismo colaborador y se expresa de la siguiente forma: «Señor García, le he mandado llamar para discutir juntos y encontrar las posibles soluciones que nos permitan conseguir los objetivos que nos hemos propuesto para su departamento».

El contenido que se expresa es el mismo: las cosas no van bien en este departamento.

En la primera de estas dos intervenciones se resaltan los aspectos negativos de la realidad del problema y, por consiguiente, la incapacidad del responsable de dicho departamento que, necesariamente, se sentirá minusvalorado en su profesionalidad.

En el segundo caso, sin embargo, se evidencian las posibilidades de solución de las dificultades y no se discute sobre las cualidades del responsable, sino que, al contrario, se le reconoce la capacidad de saber encontrar la solución más adecuada para resolver los problemas. El colaborador, al no sentirse minusvalorado ni experimentar que se duda de sus capacidades profesionales, estará más predispuesto al estímulo para trabajar de forma constructiva y satisfactoria.

Cada vez que pronunciamos una palabra damos origen, inconscientemente, a una determinada sugerencia. Para darnos cuenta de ello basta pensar, por ejemplo, en la gran cantidad de personas que reaccionan ante la simple representación verbal de un mecanismo fisiológico como el vómito. Pueden incluso llegar a sentir náuseas sólo con oír hablar sobre el tema.

Existen personas más sugestionables que otras, naturalmente, pero todos somos sensibles al poder de las palabras.

La palabra evoca representaciones mentales, y las imágenes mentales dan origen a sensaciones y emociones.

Intentemos no pensar en un elefante...

En el mismo momento en que alguien nos propone no pensar en un elefante, toma cuerpo en nuestra mente la imagen del elefante. En el mismo momento en que se pronuncia la palabra *elefante*, nuestra mente «crea» la imagen del elefante.

Un discurso rico en palabras como *dificultad, esfuerzo, problema, necesidad, sacrificio*, etc., creará después de un cierto tiempo una sensación de malestar, inseguridad y sugerencias negativas.

Es fácil suponer en qué estado de ánimo se encontrarán los participantes después de algunas horas de trabajo. Cundirá el desánimo, y observarán el futuro iluminado por una luz gris y opaca, con una perspectiva de sacrificios, esfuerzos e inseguridades.

Sin embargo, el ponente puede comenzar la reunión con las siguientes palabras: «El estado actual de la situación nos permite mejorar. Nos empeñaremos con todas nuestras fuerzas para conseguir crear espacios útiles para nuestro crecimiento profesional».

La realidad descrita en ambos discursos es la misma, pero en el primer caso se subraya la dimensión negativa de la realidad.

Palabras iniciales con una carga sugerente negativa

Son palabras que nos hacen comenzar mal nuestra comunicación.

«Le robo sólo un minuto»: el término *robar* crea el sentimiento de pérdida de tiempo, y nos coloca en una situación de inferioridad.

Sólo quien no es importante nos hace perder el tiempo. Sólo los «pelmazos» nos «roban el tiempo».

Tan pronto como se pronuncia una expresión de este tipo, nuestro interlocutor percibirá inconscientemente una sugerencia muy negativa.

«No le aburriré»: cuando nos expresamos de esta forma, existe, en realidad, dentro de nosotros la sospecha de que lo que tenemos que decir es poco interesante, y paradójicamente, esta preocupación se transmite en la propia comunicación por medio del valor sugerente negativo que evoca en la «escena mental» de nuestro interlocutor el aburrimiento que, precisamente, queríamos evitar.

«No quisiera molestar»: también en este caso evocamos en nuestro interlocutor el sentimiento de molestia que no deseábamos.

«¿Tiene unos minutos para dedicarme?»: en este caso nos situamos, de nuevo, en una posición psicológica de inferioridad, considerando nuestro mensaje poco importante y que no merece el «tiempo necesario» que se precisa para comunicar algo serio.

«¿Molesto?»: si nuestra presencia está motivada y se agradece, no hay motivo para provocar molestias. Pensemos en una persona querida a la que tenemos en gran consideración y que nos telefonea en horas inoportunas. Si hay una verdadera relación afectuosa con esta persona, es difícil que nos moleste.

«No quisiera que pensase que estoy aquí para engañarle»: en este caso, el «mecanismo» es claro. A estas palabras sólo puede seguir, en el nivel de las «sensaciones», la sospecha de un posible engaño «escondido». Estamos ante una actitud defensiva, propia de quien teme un ataque.

Palabras con valor sugerente negativo durante el discurso

Si las palabras con valor sugerente negativo en la apertura de la relación representan la forma de *comenzar mal* la comunicación, las palabras con valor sugerente negativo durante el discurso producen el efecto de *continuar mal* las mismas comunicaciones.

Son ejemplo de ello frases como las siguientes: «Tengo un problema», «Me encuentro en graves dificultades», «Creo no equivocarme si...», y también el uso continuado del pronombre yo.

Términos como *problema, dificultad, deficiencia, sacrificios, errores*, etc., usados repetidamente durante la comunicación, evocan sensaciones y sugerencias negativas y al usarlos nos covierten en personas aburridas, pesimistas, poco agradables y destructivas.

El uso continuo del pronombre *yo* denuncia, sin necesidad de recurrir al psicoanálisis, un ego infantil, de personalidad insegura que busca «defenderse», exaltando la propia identidad como una forma de «compensación».

Desde el punto de vista de la comunicación, el uso reiterado del pronombre *yo* crea una especie de «barrera invisible» que nos aleja de los otros y crea malestar, fastidio y, a veces, antipatía.

El uso impulsivo del «no»

Puede darse el caso de que ante la propuesta de nuevas ideas, iniciativas o cualquier tipo de apelación, se responda impulsivamente con un «no».

Antonio Vieira escribe: «La cosa más dura que pueda darse en la vida es encontrarse en la situación de pedir algo y, después de haberlo solicitado, encontrarse con un no [...]; negar a alguien lo que pide es como darle un bofetón con las palabras. La palabra *no* es tan áspera, dura e injuriosa que justifica la metáfora. Es dura frente a la necesidad, ofensiva ante el honor, insoportable frente a los merecimientos.

»Y si un *no* es tan duro para quien lo escucha, creo que no lo es menos para quien lo ha de decir, y lo es en mayor medida cuanto más grande sea la generosidad y superioridad del espíritu de quien debe pronunciarlo» (Antonio Vieira, *Prediche agli uomini di governo*, Rusconi, Milán).

Interlocutor A: «Creo que este proyecto se le ha de confiar al doctor Merino, que tiene una probada experiencia en este sector».

Interlocutor B: «No, yo creo que es preferible consultar a una agencia externa a la empresa, ya que nos puede dar una visión más global de la situación».

Interlocutor A: «No creo que una agencia consultora pueda darnos mejores soluciones de las que nos pueda dar el doctor Merino».

Interlocutor B: «Sin embargo, yo pienso que...».

El «reto» ya está sobre la mesa.

En este instante, los dos interlocutores se han convertido en dos contendientes y, se lleve como se lleve la conversación, a partir de este momento, habrá ya un vencedor y un vencido que, por otra parte, no querrá perder. Está en juego la «dignidad profesional» y se encuentra en peligro el sentimiento de autoestima. Si es mejor o peor confiar el proyecto al doctor Merino o a una agencia consultora ajena a la empresa tiene ahora una importancia secundaria.

El orgullo ha asumido el protagonismo.

Revisemos la situación:

Interlocutor A: «Creo que se le ha de confiar este proyecto al doctor Merino, que ha acumulado una gran experiencia en este campo».

Interlocutor B: «No, yo creo que es mejor consultar a una agencia ajena a la empresa, ya que podría darnos una visión más global de la situación».

Interlocutor A: «En efecto, una visión global puede ofrecernos puntos de vista alternativos, pero si analizamos juntos nuestras necesidades actuales podemos llegar a comprender que, en este caso, confiar el proyecto al doctor Merino presenta ventajas más tangibles que las que, aunque interesantes, pueda ofrecer un consultor externo».

En esta situación no nos encontramos ya a dos interlocutores que se desafían mutuamente.

Se toma en consideración la propuesta del interlocutor B, y no se descarta *a priori*, sino que se reconoce como válida.

Se comparan dos propuestas igualmente válidas, de las cuales, evidentemente, una ofrece más ventajas que la otra.

La dignidad profesional ha quedado a salvo. El orgullo de los dos interlocutores no tiene motivos para sentirse herido.

Citemos de nuevo a Antonio Vieira: «El *no* es una palabra terrible: no conoce la razón ni el error, se lea como se lea, tiene siempre el mismo sonido y el mismo significado. [...] El *no*, se tome como se tome, es siempre como una serpiente, siempre muerde, hiere y está indefectiblemente cargado de veneno. Mata la esperanza, que es el último remedio que existe para cualquier tipo de mal. No hay correctivo capaz de moderarlo ni arte que pueda hacerlo aparecer menos duro. Ningún halago puede hacerlo más dulce».

En la experiencia del «pensamiento primario» no existe la negación, no existe el «no perro», sino la experiencia del perro. La negación existe en la experiencia del «pensamiento secundario», es decir, en el lenguaje.

La negación forma parte de los procesos lógicos. El inconsciente, sin embargo, no es capaz de «leer» el no.

Volvamos a nuestro ejemplo anterior de no pensar en un elefante.

Cuando escuchamos una expresión como esta, hemos de pasar en primer lugar por la comprensión de la palabra en sí misma, sin la partícula «no» y, después, si somos capaces, hemos de llegar a la negación de la palabra *elefante*.

«No creas que quiero engañarte».

También en este caso representamos antes la experiencia del engaño y, después, la negación de este.

Palabras con valor sugerente negativo de duda

Frases del siguiente tipo: «Espero conseguirlo», «Intentaré estar presente en la inauguración», «Quizá consigamos llegar hasta el fondo del problema», contienen términos que «debilitan» el lenguaje.

Imaginemos un entrenador de fútbol que, antes de un partido muy importante, en el que se juega, por ejemplo, el descenso de categoría, intentara animar a su equipo con la siguiente arenga: «Chicos, este es el partido decisivo. Si nos dedicamos a fondo, quizá consigamos salvarnos. Esforcémonos y puede ser que, con un poco de suerte, nos llevemos a casa los dos puntos que necesitamos».

Si, *quizá*, *esforcémonos*, *puede ser, con un poco de suerte* son palabras que transmiten inseguridad, duda y poca motivación.

La «moral» del equipo después de tal arenga quedará, sin duda, «por los suelos» y absolutamente desmotivada.

Sin embargo, otro entrenador dice: «Chicos, este es el partido decisivo. Nos hemos entrenado a fondo, con tenacidad, y estamos en perfecta forma. Hemos asumido el esquema de juego y entre vosotros hay un perfecto entendimiento. Con estas bases sólo podemos ganar. Todo está a nuestro favor. Daremos lo mejor que tenemos».

Con tales palabras de ánimo, la actitud psicológica del equipo está orientada positivamente y la carga emotiva de signo positivo influirá decisivamente en el rendimiento sobre el terreno de juego.

Los verbos de la incongruencia

Son los verbos que denuncian incongruencias entre lo que se dice y lo que, en realidad, se quiere hacer.

Distingamos:

— *uso del condicional:* quisiera, podría, etc., son verbos que denuncian la presencia de riesgos;

— *verbos que expresan un objetivo falso:* conseguir, llegar, superar, vencer, etc.

El objetivo es «llegar a conseguir lo propuesto», y no el cumplimiento formal de un objetivo prefijado.

«Intentemos llegar a aquella cima». El objetivo no es la cima a la que se ha de llegar, sino conseguir llegar a ella.

Si nuestra meta es esta, entramos en un desafío personal con nosotros mismos. Conseguir llegar a la cima es una empresa estresante y, si no lo conseguimos, se convierte en un resultado frustrante.

Concentrarnos sólo en la cima, sin la preocupación de llegar o no, nos predispone para un trabajo más lúcido y sereno.

Afirmo que quiero llegar a la cima, pero, en realidad, como comportamiento concreto (incongruencia entre lo que se dice y lo que, realmente, se quiere hacer) deseo desafiarme a mí mismo.

Transformación del valor sugerente negativo en positivo

Vemos cómo, sembrado nuestro lenguaje con palabras con valor sugerente negativo, la comunicación resulta poco eficiente, contraproducente y, a veces, emocionalmente desagradable.

Pero también es cierto que podemos llegar a ser unos comunicadores eficaces si aplicamos algunas reglas sencillas y fáciles y que podemos definir como «reglas áureas». Nos permitirán evitar todos los inconvenientes que hemos citado anteriormente.

Utilizar el «nosotros»

«El proyecto que les presentaré...» debe convertirse en: «El proyecto que veremos juntos...».

En el primer caso propongo algo mío, que los otros han de aceptar y puede ser que soportar.

En el segundo caso, propongo algo que pertenece a todos, y en cuanto tal, despertará un interés mayor, tanto en el nivel emotivo como en el racional.

Si observamos el lenguaje que emplean nuestros amigos o nuestros familiares, podremos darnos fácilmente cuenta de que, cuando existe una buena relación, se tiende a usar de forma espontánea el *nosotros*, mientras que, por el contrario, cuando existe tensión y puntos de discordia, intolerancia o, en general, malas relaciones, se tiende, instintivamente, al uso del *tú* y del *yo*.

El uso del *tú* y del *yo* crea inmediatamente un ambiente favorable al conflicto y preparan, de forma clara, un campo con «dos frentes de batalla» y, evidentemente, se siguen las consecuencias propias en las que las tensiones emotivas de carácter negativo no tardarán en hacer acto de presencia.

Es casi divertido observar, por ejemplo, que cuando el marido y la mujer discuten a causa de las malas notas del hijo, uno de los dos tiende espontáneamente a expresarse de la siguiente forma: «Tu hijo no entiende nada...», o bien: «Tu hijo es un testarudo que se parece en todo a tu madre...».

Por el contrario, cuando en la pareja reina la armonía y además el hijo tiene éxito en sus estudios, es muy probable que oigamos que tanto la mujer como el marido hablan de la siguiente forma: «Nuestro hijo parece, realmente, un genio...».

El *nosotros* crea un clima de pertenencia, de espíritu de grupo y de solidaridad. Pensemos, por ejemplo, en los seguidores de un equipo de fútbol, cuando se reconocen unidos por la misma «fe deportiva» y se sienten miembros de un grupo común, utilizan inmediatamente el *nosotros*: nosotros, los del Barça; nosotros, los madridistas; nosotros, los del Atlético; etc.

Evidentemente, el *nosotros* se ha de utilizar cuando la estructura del lenguaje, gramatical y sintácticamente, lo permite.

El uso de palabras con valor sugerente positivo

Se trata de palabras que presuponen la existencia de una posible solución. Es importante reconocer que siempre existe una solución y que el objetivo consiste, precisamente, en saber encontrarla.

Alguien ha dicho: «Si no formas parte de la solución, es muy probable que formes parte del problema».

Ejemplos de palabras con valor sugerente positivo son:

— crecimiento;
— oportunidad;
— desarrollo;
— objetivos comunes;
— siempre;
— seguramente;
— solución positiva.

Todas estas palabras influyen positivamente en el estado de ánimo de quien las escucha y predisponen a asumir actitudes constructivas.

Por la regla física de los vasos comunicantes, si nos valemos conscientemente de palabras con valor sugerente positivo, nos motivamos a nosotros mismos e inducimos a nuestros oyentes a asumir actitudes positivas y beneficiosamente productivas. El problema se convierte en una posible solución; las carencias se transforman en una oportunidad de crecimiento, etc.

Utilizar el presente y el futuro

Si el contenido de la comunicación lo permite, es preferible conjugar los verbos en presente y en futuro.

Una frase como: «Mañana te llevaría el regalo», se convierte en: «Mañana te llevaré el regalo».

Si estimamos este regalo y no vemos llegar la hora de recibirlo, nos sentimos más seguros cuando escuchamos «Mañana te lo llevaré» que al oír «Te lo llevaría mañana». El uso del condicional nos mantiene en la posibilidad de no recibir lo que estamos esperando con verdadero deseo.

Utilizar palabras clave

Todos tendemos en nuestra forma de hablar al uso de «palabras clave», es decir, términos o locuciones repetidas.

Siempre, en un momento u otro, hemos utilizado expresiones heredadas quizá de nuestros padres, abuelos o de alguien a quien queremos. Estas palabras influyen sobre el nivel emotivo, ya que se encuentran fuertemente «cargadas de connotaciones afectivas».

Si en nuestro lenguaje se dan expresiones, modismos y fórmulas que pertenecen tanto a nuestra propia realidad como a la de nuestro interlocutor, su uso consigue un satisfactorio sentido de pertenencia a un mismo ámbito afectivo compartido por ambos interlocutores.

Algunos ejemplos concretos

Veamos ahora algunos ejemplos de transformación del lenguaje de valor sugerente negativo en un lenguaje con valor positivo.

Estimados señores de la empresa «X»:

Con la presente queremos referirnos a su último envio de material, que nos ha llegado con retraso y, consecuentemente, ha creado considerables problemas con nuestros clientes.
Por otra parte, el citado material ha venido con defectos de embalaje y de calidad.
No comprendemos estas continuas negligencias debidas a ustedes.
A pesar de estas experiencias negativas, queremos darles todavía una oportunidad más, manteniendo en pie nuestro último pedido.

Atentamente,

La versión del mismo mensaje con valor positivo transformaría la carta de la siguiente manera:

Estimados señores:

Con la finalidad de mejorar continuamente nuestras relaciones comerciales, les rogamos que tomen nota de cuanto sigue, relativo a su último envío:

1. Se ha producido un retraso de cinco días respecto a los tiempos medios de treinta días.

2. Esta irregularidad ha afectado a diez clientes nuestros, a los que hemos tenido que compensar con 500 en concepto de bonificación.

3. En los últimos envíos, hemos detectado defectos en un nivel superior al 2 % en la calidad del producto, y superior al 5 % en su embalaje.

Aprovechamos la ocasión para comunicarles que este nivel de deficiencias son, en conjunto, un 20 % superior a la media que se da entre nuestros proveedores habituales.

Los resultados del análisis de nuestros controles de calidad muestran que los defectos no sólo se refieren a la manufactura, sino también a las materias primas utilizadas.

Antes de los próximos envíos, les proponemos una entrevista con nuestros expertos de calidad, para verificar los procesos que ustedes realizan y con el fin de conseguir una colaboración más eficaz.

Al mismo tiempo les confirmamos el envío a ustedes de una nota de deuda por el importe de 500 , según está previsto para estos casos, en el contrato que tenemos conjuntamente firmado.

Acabamos de exponer un ejemplo que, si bien representa una situación límite, sirve para comprender cómo el mismo mensaje —en este caso, una reclamación— puede presentarse de formas diferentes

Un lenguaje que propone la colaboración, como el utilizado en el segundo caso, puede predisponer más fácilmente para realizar un contrato más sereno y eficaz, evitando crisis o rupturas en las relaciones comerciales.

Examinemos ahora otro ejemplo:

> Buenos días, señor Director, *no quisiera molestar*, pero he de transmitirle algunos *problemas* que han aparecido en el departamento.
>
> Se los resumo brevemente para *no hacerle perder tiempo.*
>
> El encargo del cliente «X», *no recuerdo bien si* tenía que entregarse antes del ... Pero, a pesar de que yo me he *sacrificado* personalmente para *buscar* ayuda y colaboración en los empleados, su pedido no estará *desgraciadamente* preparado en la fecha prevista.
>
> Por esto, me he permitido *molestarle* a fin de que usted me indique lo que debemos hacer.

Veamos ahora la misma versión con un lenguaje de valor sugerente positivo:

> Buenos días, señor Director: le comunico las situaciones que se han dado en nuestro departamento, resumiéndolas brevemente.
>
> El encargo del cliente «X» podrá ser entregado el día ..., con un ligero retraso sobre la fecha prevista.
>
> He seguido personalmente las fases de trabajo, y he podido constatar que los empleados colaboran entre sí y, por ello, los eventuales retrasos en la entrega se deben a ciertos momentos de sobrecarga de trabajo, consecuencia del éxito que han obtenido nuestros productos.
>
> Me gustaría acordar con usted los posibles contactos de negocios con nuestros clientes.

La expresión con valor sugerente negativo: *no quisiera molestarle*, desaparece en la segunda versión, con valor sugerente positivo.

El término *problemas* queda sustituido por el de «situaciones».

Se eliminan las palabras *no quisiera hacerle perder tiempo* y la expresión *no recuerdo bien si*, que evocan inseguridad y una escasa competencia profesional.

La expresión *me he sacrificado para buscar ayuda,* se transforma ahora en «he seguido personalmente las fases de producción».

El retraso en la entrega se expresa positivamente con la frase «momentos de sobrecarga de trabajo, consecuencia del éxito que han obtenido nuestros productos».

Me permito molestarle se transforma en me gustaría acordar con usted los posibles contactos de negocios con nuestros clientes.

El sonido de las palabras

El lenguaje tiene, en sí mismo, una fuerza impetuosa que pone en movimiento las energías psíquicas a través de unos mecanismos no siempre conocidos de forma absoluta.

Para mostrarlo he preparado un sencillo experimento para analizar si el contenido de las palabras puede traspasar los límites de la comprensión lógica de los términos. La hipótesis básica de trabajo es que el sonido de la palabra es capaz de ejercer una influencia subliminal sobre la producción de imágenes mentales.

En su forma original, de hecho, ha de ser el sonido y el ritmo de la palabra lo que provoque la imagen.

Desde los orígenes de la vida, el hombre ha sentido siempre la fascinación de las palabras, atribuyéndoles incluso valores mágicos.

Frecuentemente, la palabra y el lenguaje se situaban en una relación estrechísima con la religión.

Los griegos, por ejemplo, estaban convencidos de que las primeras articulaciones vocales y los sonidos de la voz eran un regalo directo de los dioses a los hombres.

En la Biblia encontramos: «En el inicio existía la Palabra» y el evangelio de San Juan comienza con la siguiente frase: «Al inicio ya existía la Palabra, la Palabra se dirigía a Dios, y la Palabra era Dios».

Entre los uitoto, una tribu de cultura arcaica de la selva suramericana, se tiene una expresión religiosa que dice: «En los comienzos, la Palabra dio origen al Padre».

Si volvemos al Evangelio, podemos leer: «La lengua mata más que la espada».

En la filosofía veda, los dioses y el mundo se encuentran incluidos en la palabra.

En varias culturas arcaicas, el sonido se entiende como la sustan cia que origina todo.

Todo lo que era sonido tenía el mismo valor, y aunque los objetos y cosas que representaban eran distintas, estas se encontraban ligadas por la esencia de su nombre. Así, la esencia originaria representaba diferentes tendencias de una idéntica raíz sonora.

Teniendo en cuenta estas premisas mítico-culturales, he realizado el experimento que expongo a continuación con cuatro personas que tenían una probada experiencia de entrenamiento autógeno.

Les pedí que llegaran por sí mismas a un estado de profunda relajación con la técnica que poseían del entrenamiento autógeno.

Tal relajación les permitió adquirir autónomamente un estado de conciencia tal que no permitiera interferencias lógico-racionales.

A los cuatro voluntarios se les leyó repetidamente, durante diez veces, las poesías griegas cuyo texto original y traducción escribimos a continuación.

Es importante señalar que los cuatro sujetos del experimento no conocían en absoluto el griego clásico.

Después de repetir diez veces consecutivas la lectura de estos poemas, se invitó a los sujetos a visualizar libremente lo que más les había agradado.

Por mi parte, las expectativas eran que hubiesen producido, gracias a este peculiar estado de conciencia, imágenes que tuviesen referencias directas o analogías, en sus contenidos o en sus símbolos, al contenido mismo de las poesías escuchadas.

El primero de ellos, licenciado en Derecho, ha visualizado una multitud en marcha por un paseo rocoso y frío (referencia a la poesía «Plenilunio»).

El segundo, perito técnico, ha imaginado un paseo con árboles, agua y figuras de mujer (referencia «En la desembocadura del Ebro»).

El tercero, ingeniero, visualiza un prado con flores blancas, agua, figuras de mujer y un alternarse de estaciones (¿puede hacer referencia el blanco de las flores al blanco de la luna? ¿Y el alternarse de las estaciones puede referirse a los ciclos lunares de la poesía «Plenilunio»?).

Dejando de lado los aspectos hipotéticos, queda el dato seguro de las figuras femeninas de la poesía «En la desembocadura del Ebro».

Finalmente, el cuarto, perito técnico, imagina animales salvajes e inmensos parajes (referencias a la poesía «En la desembocadura del Ebro»).

EN LA DESEMBOCADURA DEL EBRO

Εβρε, x[άλ]λιστος ποτάμων πὰρ
Α[ἰνον],
ἐζί[ησϑ' ἐς] πορφυοίαν ϑάλασσαν
Θραx[ίας ἐρ] ευγόμεονος ζὰ γαίας
[.] ιππ[....]ι

Ebro, el río más bello
que con vigoroso sonido recorre
tierras famosas por sus caballos,
desciende al mar purpúreo, junto al
silencioso Aino.

xαί σε πόλλαι παρϑένιχαι 'πὲπ[οισι],
[xἀπά]λων μήρων ἀπάλαισι χέρ[σι]
[χρῶτ]α ϑέλγονται τό[σ]ον, ὡς
ἄλει[ππα],
ϑή[ϊο]ν ὕδωρ

Y allí muchas jovencitas se mueven
suavemente sobre sus piernas: con
la clara agua en las manos, a modo
de aceite,
endulzan su piel.

PLENILUNIO

 άστερες μὲν αμφὶ χαλαν σέλαγναν
αφ απυχρύοπτοισι φάεννον έιδος,
ὀππota πλήϑοισα μαλιστα λάμπη
γᾶν ⟨επί παῖσαν⟩

Los astros que rodean a la hermosa luna
esconden su luminoso rostro,
cuando llena y esplendorosa, y blanca,
se alza sobre la tierra.

He citado los títulos académicos de los cuatro voluntarios para confirmar, posteriormente, el hecho de que el significado simbólico del sonido trasciende los eventuales condicionamientos culturales que pudieran influir en las personas, según el tipo de formación académica que se tenga.

Naturalmente, es fácil darse cuenta de que para conseguir un significado estadístico más preciso, es necesario que este experimento se lleve a cabo con un número mayor de voluntarios.

Sin embargo, lo que hemos expuesto nos sirve ya para sensibilizarnos sobre la importancia que tiene el valor de la palabra y sobre el fuerte impacto emocional que produce.

PERSUASIÓN

El aspecto ético

Cuando se habla sobre la persuasión o sobre personas con capacidad para persuadir, suele aparecer el malestar de la sospecha. Se piensa inmediatamente en procesos manipuladores y técnicas oscuras. Cuando se califica a una persona como «encantador de serpientes», se ponen en guardia los mecanismos de defensa. A veces, se habla de persuasión oculta como un tema que pertenece al mundo de lo esotérico o de la magia.

En realidad, la persuasión no es más que un procedimiento o una estrategia para conseguir la aprobación de una propuesta.

Se suele dudar del carácter ético de la persuasión, porque no aparece clara la finalidad que se busca cuando se quiere persuadir a alguien. Si el fin que se persigue es bueno, ético, el proceso de persuasión será éticamente admisible.

Por otra parte, *persuasión* significa «influencia», y según Watzlawick, la comunicación es una acción de influencias mutuas.

Todos sabemos que al acercarse un león, animal predador, sus posibles víctimas se comunican entre sí a través de un código de señales que alertan del peligro. Los animales que comunican el peligro persuaden al resto para que huyan. Esta comunicación persuasoria se muestra útil y necesaria para la supervivencia.

Podríamos considerar que la fuga ante un peligro sea lo que técnicamente se denomina «respuesta» a un estímulo, es decir, que se trata de un reflejo condicionado.

Cuando el médico golpea con el martillo la rodilla del paciente, la pierna «responde» con un movimiento reflejo.

Está claro que, en este caso, no existe persuasión.

Los procesos de persuasión, pues, llegan a las esferas más profundas y complejas del ser humano, y es necesario respetar algunos principios y valores concretos para que aquellos sean éticos.

La discusión sobre la ética de la persuasión es antigua.
En la época clásica, el arte de persuadir coincidía con la retórica.
Platón consideraba la retórica como una actividad fraudulenta, desde el momento en que un orador podía crear la impresión de

que el bien era algo malo y lo malo era algo bueno, permitiéndose presentar la realidad no sobre los principios de la verdad, sino sobre la base de la manipulación de las palabras.

Aristóteles, sin embargo, consideraba la retórica como un instrumento y, simultáneamente, un fenómeno del mundo físico y, como tal, podía ser descrito como cualquier otro fenómeno natural que, en sí mismo, no puede ser juzgado moral ni inmoral.

Cicerón, gran maestro de oradores y cuyas obras pueden considerarse auténticos tratados de retórica, se interesó muy poco por la ética de la persuasión. Aristóteles y Cicerón se preocuparon mucho más por analizar cómo persuadir con argumentos.

Ethos, logos y pathos

Los autores del pasado fueron refinados psicólogos de la comunicación. Platón sostenía que, dado que la finalidad de todo discurso es la de guiar al alma, el orador ha de conocer las diversas especies de almas existentes, ya que un determinado tipo de oyentes se sentirá motivado y persuadido por ciertos argumentos, mientras que otro tipo de oyentes necesita argumentos distintos.

Actualmente, la publicidad se orienta a las distintas tipologías de clientes que han de recibir el mensaje comercial. Si un producto está dirigido, por ejemplo, a las amas de casa, se comenzará por el análisis de las características económicas, sociales y culturales de estos clientes potenciales, a fin de formular un mensaje que esté en sintonía con las características de los posibles receptores.

Un mensaje publicitario que no se haya estructurado analizando los centros de interés sobre los que se ha de incidir de forma directa con las imágenes, la palabra y todos los demás recursos comunicativos no verbales, corre el riesgo de fracasar en su objetivo.

Enunciemos algunas sencillas reglas de carácter sintético que pueden ayudarnos a mejorar nuestras capacidades persuasorias.

Trataremos ahora algunos aspectos del complejo conjunto argumental sobre la persuasión, centrándonos, sobre todo, en los aspectos más prácticos, ya que este libro pretende ser un manual asequible.

Podemos volver, de nuevo, a los grandes autores de la Antigüedad para encontrar algunas reglas que se inspiran en la retórica de la Edad Clásica.

Interpretemos y «releamos», desde las actuales exigencias de las ciencias de la comunicación, las tres formas clásicas sobre las que la retórica construía su capacidad para persuadir:

— ***Ethos***, la ética;
— ***Logos***, la lógica;
— ***Pathos***, la emotividad.

Según Aristóteles, el *ethos* era el origen de la fuerza moral del orador, el *logos*, de su lógica y coherencia interna de los argumentos y, finalmente, el *pathos* se centraba en su referencia a la emotividad. Si un discurso se construye sólo sobre uno de estos tres pilares, su capacidad para persuadir será muy débil.

Si un directivo abre una reunión con un breve saludo a los presentes e, inmediatamente después, comienza una fría exposición de datos técnicos, cifras, proyecciones estadísticas, etc., su exposición está regida absolutamente por el *logos*, es decir, por la árida y fría lógica.

Después de un cierto tiempo, los participantes en la reunión comenzarán a impacientarse, mirarán el reloj, y otros tenderán a distraerse: surge el aburrimiento; la concentración entra en crisis.

La probabilidad de convencer a los presentes es muy baja. Y es también previsible que muchos de los datos no hayan sido ni siquiera escuchados.

Es fácil constatar que cuando un discurso se construye únicamente sobre el *logos*, es decir, sobre la fría lógica, la exposición puede ser aburrida y poco eficaz desde el punto de vista de la persuasión.

Otro directivo habla a sus colaboradores del sentido de pertenencia a la empresa, con ejemplos y anécdotas agradables, toca las cuerdas de la emoción del auditorio y, finalmente, formula su propuesta.

Sin embargo, el auditorio tampoco responde positivamente.

Uno de sus colaboradores se dirige a un colega y le dice: «Ha sido un discurso muy interesante, incluso impactante, pero hay aspectos que no me convencen...». En este caso, la exposición se ha centrado sobre el *pathos*, y el conferenciante se ha centrado sobre la emotividad, incluso se ha ganado la simpatía del auditorio, pero encuentra dificultades para persuadir y convencer a sus oyentes porque, en el fondo, faltan las argumentaciones lógicas.

A veces, sucede que nos encontramos con vendedores que saben captar nuestra atención con su simpatía, ponen el acento en nuestra emotividad, pero no consiguen argumentar lo suficiente como para llevarnos a adquirir el producto que nos proponen. En estos casos, han de conseguir llegar al final lo más rápidamente posible, sin dejarnos tiempo de reflexionar sobre la compra que hemos de hacer. Si el contrato se basa sólo en el *pathos*, basta con dejar pasar el tiempo suficiente para que nuestra mente se recupere de los sugerentes efectos de la emoción, y la consecuencia no será otra que la renuncia a comprar.

La persuasión que se basa sólo en el *pathos*, y carece de la lógica de la argumentación, se convierte en una motivación ineficaz.

Esta es la razón por la que se ha de desconfiar de aquellos que intentan reducir al máximo los tiempos de decisión a fin de vender un producto de consumo o de servicios.

Para evitar fraudes es preferible comprar tras haber «puesto en funcionamiento el *logos*», es decir, el análisis ponderado y la racionalidad, que compensará al efecto sugerente de la emotividad.

El tercer eje de la persuasión es el *ethos*, la ética.

Podemos entender la ética como la fuerza moral del persuasor. Cuando la persona que quiere convencer es de buena fe, se crea en la relación una coherencia entre los mensajes verbales, es decir, lo que se expresa en las palabras, y los mensajes no verbales, lo que realmente se comunica sin palabras, es decir, con la sonrisa, la mímica facial, las actitudes corporales y las expresiones del rostro.

Esta coherencia es una de las fuerzas motrices de la persuasión.

Cuando en una negociación se dan de forma conjunta el *ethos*, el *logos* y el *pathos*, el éxito queda garantizado.

El *logos* garantiza las motivaciones racionales, el *pathos* apoya el componente emotivo y el *ethos* transmite la sensación de que quien habla cree realmente en lo que dice.

Para desarrollar el factor lógico *(logos)* en las relaciones interpersonales, basta desarrollar un análisis cuidadoso de los datos y recoger el máximo de informaciones posibles sobre un argumento.

Si, por ejemplo, hemos de convencer a alguien para que vaya a ver un espectáculo teatral, la acción del *logos* estaría orientada a la consecución de los datos históricos sobre el autor y los intérpretes. Se podría buscar la época en que el autor ha escrito la obra, los motivos por los que lo ha hecho, qué se proponía con el argumento, en qué género teatral se la ha de encuadrar, etc.

El trabajo desde el *logos* significa la búsqueda de datos y elementos propios de la esfera racional.

Por lo que se refiere a la gestión del *logos*, cada uno de nosotros, según su actividad y cultura, ha de desarrollar los argumentos lógicos que cada caso requiera.

La actuación sobre el *pathos* requiere comentar los datos lógicos de forma que susciten emociones, curiosidad, interés y participación.

Ahora analizaremos más detenidamente cómo actuar sobre el *pathos* y cómo acrecentar la dimensión emocional en las relaciones interpersonales.

La evocación de los estados mentales

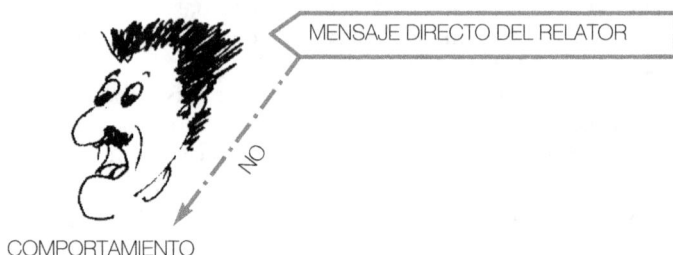

MENSAJE DIRECTO DEL RELATOR

NO

COMPORTAMIENTO

Con frecuencia nos vemos obligados a creer que para conseguir el comportamiento deseado en alguien, basta comunicar un deseo nuestro. En ciertos casos, este mecanismo puede funcionar bien.

Podemos pedir, por ejemplo, a un compañero de trabajo o a un amigo que cierre la puerta. Sin embargo ellos pueden acceder a nuestros deseos o, sencillamente, negarse a ello.

Cualquier comportamiento nace previamente de un pensamiento, una imagen o una idea. En la práctica, se origina en primer lugar lo que podemos definir como una forma mental, o *forma mentis.*

ESTÍMULO

CREACIÓN DE
LA *FORMA MENTIS*

COMPORTAMIENTO

Tenemos sed. Antes de nada creamos la forma mental del acto de beber, originado por la sed y, en consecuencia, vamos a beber agua.

Tenemos hambre. Creamos la imagen del acto de comer, originado por el estímulo del hambre, y comemos.

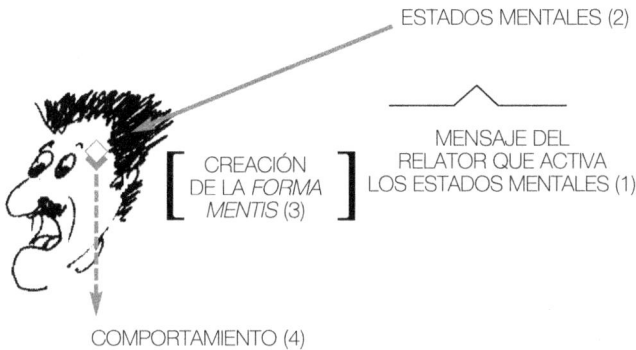

```
                                        ESTADOS MENTALES (2)

                                         MENSAJE DEL
              CREACIÓN              RELATOR QUE ACTIVA
              DE LA FORMA         LOS ESTADOS MENTALES (1)
              MENTIS (3)

     COMPORTAMIENTO (4)
```

La forma mental del hecho de comer puede imaginarse de diversas formas. Puede ser la sencilla de ir a la cocina, abrir el frigorífico y preparar un bocadillo, o bien, la de ir a nuestro restaurante preferido o a la cafetería, o cualquier otra representación del «acto de nutrición» que nos satisfaga. De todo ello se deduce que, cuando queremos formular un deseo, es más eficaz ayudar a crear a nuestros interlocutores una imagen mental de lo que deseamos obtener.

La *forma mentis* se crea por medio de mensajes comunicativos dirigidos a activar y evocar estados mentales muy precisos.

Si, pongamos por caso, queremos convencer a un grupo de amigos para ir al cine, podemos hacer una proposición directa: «¿Vamos esta tarde al cine?». Sin embargo, es mucho más eficaz utilizar una forma indirecta y motivadora: «He oído hablar muy bien de esta película; hay algunas escenas magníficas en ciertos aspectos y, además, verdaderamente convincentes. La escena X, por ejemplo, es una obra maestra para apreciar el sentido de la solidaridad humana y de pertenencia al grupo. Además, el final responde a los deseos y sueños que todos, al menos alguna vez, hemos tenido».

De esta forma, activamos unos estados mentales que, muy probablemente, crean una determinada forma mental.

Si la forma mental, la idea de ir al cine, se ha creado, el paso al comportamiento correspondiente será más probable. Es útil que los estados mentales sobre los que se trabaje sean de carácter positivo.

Estados mentales positivos son, por ejemplo, el sentido de pertenencia, la solidaridad, la confianza, la curiosidad, la seguridad, el entusiasmo, las expectativas, etc.

Serían estados mentales negativos la desconfianza, la inseguridad, la frustración, la duda, el miedo, la preocupación, etc. Al trabajar con estados mentales negativos, se crean sugerencias negativas y destructivas, mientras que actuando sobre estados mentales positivos se orienta hacia una gestión de la realidad constructiva y optimista.

El lenguaje evocador

Giorgio Nardone y Paul Watzlawick hablan de un lenguaje indicativo y de un lenguaje impositivo.

El *lenguaje indicativo* describe las características de un objeto y, en general, no tiene valores sugestivos, es decir, no tiene capacidad de influir en los comportamientos. Por ejemplo: «Este producto está compuesto por tres unidades ensambladas, que le permite una mayor flexibilidad operativa. El fabricante declina toda responsabilidad sobre los daños producidos por su mal uso. Las formas de instalación están descritas en el manual de instrucciones».

El *lenguaje impositivo* prescribe, es decir, exige la acción de determinadas operaciones. Por ejemplo: «El personal ha de comunicar en la administración el periodo de vacaciones antes del día...».

Existe, finalmente, una modalidad de comunicación persuasoria que recurre a un lenguaje al que denominaremos como lenguaje evocador.

El *lenguaje evocador* capta la atención del interlocutor recurriendo a metáforas y anécdotas que tienen el poder de llegar directamente al inconsciente de las personas. En este caso funciona el mecanismo de la proyección y la identificación que, generalmente, un individuo tiende a poner en marcha frente a los personajes y situaciones de un relato.

La proyección no es más que la atribución de un deseo o un impulso a otra persona, situación, objeto o papel del mundo externo al sujeto que proyecta.

Podemos decir, sencillamente, que cuando ponemos en marcha el mecanismo de proyección, vemos en los otros lo que hay dentro de nosotros mismos. Los refranes populares como «cree el ladrón que todos son de su condición», o «el pecado está en los ojos del pecador», son una simplificación clara del mecanismo de proyección, ya que es evidente que la persona «limpia», es decir, quien actúa de buena fe, no «ve» el «pecado», porque al no formar parte de su comportamiento no puede verlo ni, mucho menos, proyectarlo en los otros.

La identificación es el proceso psíquico por el que nosotros nos convertimos en los otros.

Este mecanismo psicológico es muy frecuente en los adolescentes, que se identifican con sus ídolos hasta el punto de llegar a creer que ellos son la persona que admiran, asumiendo los comportamientos, modos y tics de los personajes idolatrados.

También los adultos utilizan el mecanismo de la identificación asimilándose, por ejemplo, a su escritor favorito, su político preferido o cualquier otro personaje. Es una tendencia que se activa cuando encontramos en los otros algo que forma parte de nuestra personalidad y, al mismo tiempo, representa la imagen ideal de lo que queremos conseguir.

Si en nosotros prevalecen los valores de la lealtad, la valentía y la fuerza, tenderemos a simpatizar con la figura del héroe de la película que estamos viendo y que representa y encarna la imagen ideal de nuestros valores morales.

Si en nosotros prevalecen, sin embargo, las necesidades de progresar en nuestra carrera, la afirmación social y el bienestar económico, nos sentiremos identificados, mientras vemos una película, con el personaje que representa al triunfador social, que vence a todos sus adversarios y supera a sus colegas de trabajo.

El uso de la metáfora, las imágenes y las anécdotas

Los mecanismos de proyección y de identificación, provocados por un lenguaje evocador que utiliza las metáforas y el relato de anécdotas, crean un ambiente de implicación de los interlocutores en el argumento que se trata.

Analicemos más precisamente el uso de la metáfora. La metáfora transfiere a un objeto, animal o concepto las características propias de otro objeto, animal o concepto. En la famosa fábula de *El lobo y el cordero*, al lobo se le asignan todas las características propias de los prepotentes, y al cordero las de los inocentes e indefensos.

Al escuchar la fábula, el prepotente se identifica con el lobo, y el indefenso, a su vez, con el cordero, y ambos se reconocen de formas distintas en las características de los animales protagonistas del relato.

Desde el punto de vista de la comunicación, la metáfora es uno de los modos más claros y precisos para transmitir información.

Con palabras más sencillas: haciendo uso de la metáfora «te explico, con lo que ya sabes, aquello que no sabes».

Nos servimos de lo que nuestro interlocutor ya conoce para comunicarle conceptos y experiencias nuevos no conocidos. La metáfora es un medio de comunicación conocido desde los tiempos más remotos. La Biblia está escrita con un lenguaje metafórico. Jesucristo utilizaba las parábolas, formas de metáforas tan eficaces e inmediatas que sobreviven después de dos mil años.

La mitología griega es riquísima en metáforas.

La fábula, otra forma de lenguaje metafórico, tiene un puesto de relieve en todas las culturas y sociedades, precisamente, por su importancia en la formación del carácter de los niños.

El mensaje formativo y estructurante de la personalidad del niño, que se encuentra en las fábulas, se halla representado en la estructura común propia de estos relatos.

A través de las figuras simbólicas de la fábula, se le enseña al niño de forma indirecta que la lucha para superar las dificultades de la vida es algo inevitable y forma parte de la existencia humana, y después de haber triunfado sobre las adversidades, se llega a ser más fuerte y templado.

Las metáforas son, en cierto sentido, como fábulas para adultos y contienen todos los valores formativos de las fábulas mismas.

El lenguaje metafórico tiene un efecto «regresivo», ya que inconscientemente nos hace volver a ser como niños, con todas las potencialidades positivas de la curiosidad productiva, creatividad, capacidad para adquirir conocimientos nuevos. Características todas ellas que poseen los niños y que los adultos tienden a perder con la edad.

La metáfora, a través del camino indirecto de las emociones, permite comunicar con las zonas lógicas de los interlocutores. Con la ayuda del *pathos* nos comunicamos con el *logos*: de aquí la gran eficacia de la creación de implicaciones y del atractivo para captar la atención. Cuando escuchamos un relato metafórico, nuestro componente emotivo se abandona al poder evocador de las imágenes.

Si a la atracción emotiva va ligado un contenido lógico, queda asegurada la conexión entre ambos niveles, el emotivo y el lógico.

Volvamos a la necesidad, vista anteriormente, de no comunicar sólo en el nivel del *logos* a costa del *pathos*, dando así origen al aburrimiento, o, al contrario, comunicar sólo al nivel del *pathos* a costa del *logos*, originando una imprecisa y mala definición del mensaje.

Es importante actuar contemporáneamente sobre ambos componentes y llegar, por tanto, a un mensaje claro, definido y capaz de implicar a los oyentes. Una metáfora es más eficaz si alude a la experiencia de los receptores del mensaje. Si, por ejemplo, nos escucha un apasionado por la música, el uso de las metáforas musicales tendrá un efecto seguro: «Vea usted, con el proyecto que ahora examinamos conseguiremos dar el do de pecho en una serie de intervenciones que se relacionan entre sí y que cada una de ellas tiene una función diferente pero armonizada, como los instrumentos de una orquesta».

Si nuestro interlocutor es aficionado a las carreras de fórmula 1, la proposición podría ser: «El proyecto que ahora veremos juntos nos dará la oportunidad de situar a nuestra empresa en el primer puesto de la parrilla de salida, y conseguiremos adelantar a todas las demás empresas que hasta ahora nos llevaban cierta ventaja...».

No es necesario, sin embargo, entrar a contar largas historias si las circunstancias no se prestan a ello.

También es oportuno y, a veces, útil recurrir a símiles introducidos con fórmulas de este tipo: «Lo que estamos diciendo es como...», o bien, «Esto me hace recordar...».

La diferencia entre la metáfora y la imagen está en el hecho de que en la imagen, la referencia al acontecimiento o al objeto de que se trata es directa y explícita. Por ejemplo: «Es astuto como un zorro», o bien: «Es fuerte como una roca». En la metáfora, por el contrario, la referencia es simbólica, indirecta e implícita.

Las anécdotas son recursos de gran efecto para captar la atención e interesar a los interlocutores, así como los proverbios, que, como ya hemos visto, representan un nexo de conexión con el patrimonio cultural y afectivo del grupo, la región o la nación de origen.

Las metáforas, los símiles y las anécdotas son eficaces porque, además de ser tan interesantes como la exposición argumental, permiten a los oyentes tomar gradualmente conciencia del asunto.

Quien escucha una metáfora puede hacer uso del contenido de la comunicación a su modo y personalizar los significados; es decir, puede elegir aquellos contenidos que se adecuan a su situación.

La comunicación por medio de metáforas, dado que afronta los temas en discusión de forma indirecta y más o menos velada, se desarrolla de forma serena y las eventuales imposiciones o prescripciones no se perciben como agresiones o amenazas. La crítica mediatizada por la metáfora se hace más elegante y aceptable, ya que quien se siente aludido puede tomar el relato en su valor literal, en caso de que el significado implícito e indirecto le sea desagradable, y tiene la posibilidad de encontrar así una «escapatoria», si lo desea.

Quien recibe el mensaje tiene la posibilidad de percibir los significados contenidos en la metáfora de la forma que mejor se le adecue.

Cuando los relatos metafóricos son más específicos, los oyentes tienen más posibilidades de identificarse con el mensaje subyacente.

La comunicación mediante metáforas es muy flexible y plástica, de modo que puede sugerir soluciones a los problemas y, a la vez, presentar opiniones distintas en la unidad argumental de la historia. Si tenemos en cuenta que la ansiedad precede siempre a cualquier proceso de cambio y de crecimiento, podemos constatar cómo el lenguaje alusivo de la metáfora ayudará a ver la realidad desde otros ángulos y a eliminar los conflictos que originan la ansiedad.

Los planteamientos indirectos

Se pueden exponer opiniones, expresar juicios y estimular comportamientos de forma indirecta, de modo que tales acciones sean inofensivas. Se pueden construir historias en las que los personajes tengan, por ejemplo, muchas características comunes con las personas a las que se les relata, sobre todo si estas últimas se caracterizan por algunos rasgos que las distinguen de forma inequívoca.

El cerebro está dividido en dos hemisferios separados por el cuerpo calloso: el hemisferio izquierdo y el hemisferio derecho.

En el hemisferio izquierdo residen las capacidades y funciones lógicas, mientras que el derecho es la sede de las emociones.

HEMISFERIO IZQUIERDO	HEMISFERIO DERECHO
lógica	emociones
razonamiento	imaginación
lectura	creatividad
escritura	sueños
lenguaje	visualización
matemática	simbolismo
análisis	

Si, en una reunión, hablamos de porcentajes y exponemos datos y cifras y estudiamos proyecciones estadísticas, estamos «trabajando» básicamente con el hemisferio cerebral izquierdo, en cambio, si buscamos soluciones nuevas, hemos de recurrir a nuestra creatividad, activando el hemisferio derecho de nuestro cerebro.

Las soluciones que se han de encontrar pueden ser de naturaleza numérica (hemisferio izquierdo), pero la elaboración del componente «creativo» pertenece al hemisferio derecho.

Es evidente que los dos hemisferios no actúan de forma separada, sino que interaccionan de una forma realmente fascinante.

La metáfora es, pues, el lenguaje del hemisferio cerebral derecho.

Milton H. Erickson, un gran psicoterapeuta americano, médico genial y sensible, utilizaba las metáforas con fin terapéutico y conseguía, en determinados casos, sorprendentes curaciones.

Sus relatos, aparentemente sin sentido, eran en realidad refinados instrumentos lingüísticos, capaces, gracias a la acción de la metáfora sobre el hemisferio derecho, de estimular las «energías creativas de autocuración» que, según el pensamiento de Erickson, se encuentran en todos nosotros. Cuando él realizaba «inducciones terapéuticas», jamás era directo y explícito, ya que ello habría provocado «resistencias» que impedirían la curación. Todos nosotros conocemos, por ejemplo, al menos una persona que, siendo consciente del mal que le procura el fumar, no consigue dejar esa costumbre.

Sobre este tema sabemos también que no tiene efectividad alguna documentar científicamente que el fumar es perjudicial para las coronarias, los pulmones y otros órganos.

Las palabras y las demostraciones científicas pueden probar que fumar es gravemente perjudicial, pero con ello no se demuestra su efectividad en el proceso de convencimiento para dejar este hábito.

Por este motivo Erickson, al usar metáforas, se mantenía alejado de la praxis terapéutica normal y, aprovechando los recursos del «lenguaje del hemisferio derecho», atacaba la «debilidad» del paciente, motivándole a asumir comportamientos beneficiosos y saludables.

Cuando se construyen metáforas, se pueden aportar informaciones nuevas, suscitar sensaciones novedosas y estimular experiencias no vividas hasta el momento.

Analicemos un relato de Erickson, en el que se describe y ejemplifica perfectamente su metodología de la aproximación indirecta.

«Una jovencita de doce años no es una niña. Sin embargo, tuve una muchacha de esta edad a quien apliqué una técnica infantil. Me dijo: "Tengo una parálisis infantil y he olvidado mover los brazos, ¿puede hipnotizarme y enseñarme de nuevo el movimiento?".

»Contemplé a la muchacha. Para ser una jovencita de doce años, tenía un pecho muy desarrollado, pero con la salvedad de que la mama derecha se encontraba bajo el brazo.

»Una vez desnuda la jovencita de cintura para arriba, observé todo el tórax para descubrir dónde estaban los músculos.

»Le indiqué que todos los días debía ponerse ante un espejo, desnuda hasta la cintura, y hacer muecas.

»Intenta girar hacia arriba los ángulos de la boca.

»Hazlo de nuevo y observa cómo se mueve la piel del pecho. Yo puedo hacerlo sólo con una parte de la cara.

»Le indiqué que se pusiera ante el espejo para hacer estos ejercicios tres veces al día, durante veinte minutos, y girar hacia arriba los ángulos de la boca. Con otras palabras, tenía que contraer el músculo orbicular.

»La muchachita me preguntó: "¿Y tengo que hacerlo necesariamente delante de un espejo?".

»"¿Cómo querrías hacerlo?", le dije.

»Respondió: "Me gustaría imaginar que estoy haciendo un programa de televisión".

»Actuando, comenzó a ejercitar el músculo orbicular, y se divertía contemplando el imaginario programa televisivo mientras hacía muecas. Ahora bien, cuando se comienza a poner en movimiento un músculo, el movimiento tiende a difundirse a todos los músculos.

»Intenta mover sólo un dedo.

»El movimiento comienza a difundirse sin quererlo. Sus brazos iniciaron el movimiento. Pues bien, la mama derecha se movió de su posición bajo el brazo y ocupó un lado del pecho.

»Ahora esta chiquilla es abogada y ejerce su profesión». (Milton H. Erickson, *La mia voce ti accompagnerà*, Ed. Astrolabio, Roma, 1983).

Los comentarios que Erickson hace de este caso son suficientemente clarificadores.

También en esta ocasión se inicia con un pequeño cambio, en apariencia completamente periférico respecto al problema central: la incapacidad de mover los brazos.

Erickson utiliza especialmente y de forma indirecta los propios conocimientos de anatomía, haciendo que la paciente contraiga los músculos del pecho que, naturalmente, están unidos a los brazos (sobre todo, el gran pectoral).

¿Por qué no sugirió a la muchacha que ejercitara los músculos del brazo? Porque sabía que existían en ella muchas resistencias que habrían condenado al fracaso un planteamiento tan directo.

En cambio, ¿cómo podría resistirse a este otro acercamiento?

El concepto de ganancia secundaria

En estos momentos podríamos, incluso, preguntarnos por qué razones aquella paciente había de presentar tantas resistencias.

La respuesta la encontramos en lo que el psicoanálisis conoce como ganancia o ventaja secundaria.

A veces, la ventaja secundaria puede parecer algo absurdo o contradictorio. ¿Qué motivos pueden llevar a un paciente a encontrar ventajas en sus sufrimientos? Frecuentemente, la ganancia secundaria no se persigue conscientemente y el paciente puede no ser consciente de querer conservar lo que, en realidad, le hace sufrir.

Un ejemplo de este tipo de ventaja secundaria lo encontramos en algunas neurosis de guerra. Con frecuencia, durante los conflictos bélicos, los soldados manifestaban parálisis, estados alucinatorios y otros tipos de neurosis que, de forma extraña y milagrosa, desaparecían después de firmada la paz.

La ganancia secundaria consistía en que para el soldado era más ventajoso contraer una parálisis o cualquier otra forma de neurosis que, al alejarlo de la primera línea, le protegía del fuego enemigo y, consiguientemente, de la muerte.

La parálisis, sin embargo, no era libremente elegida, sino un hecho patológico que le sobrevenía al soldado y que, precisamente por ello, le proporcionaba una justificación moral y legal ante su propia conciencia, ante los médicos del ejército y ante sus compañeros. Todo ello, insistimos, sucedía sin que el militar fuese consciente de ser, en alguna medida, responsable de su propia enfermedad.

La ventaja secundaria es un ejemplo de cómo la mente puede servirse de un síntoma o de una patología, incluso compleja, cuando se ve en la necesidad de proteger otros valores más importantes.

Pero, ¿qué es, en realidad, importante?

En el caso del soldado que está en el frente es obvio que lo más importante es la vida, y por ello, entre una parálisis y la muerte, es preferible la parálisis.

Consideremos, sin embargo, otro caso. Un conocido psicoterapeuta trataba a una paciente que se sometía a dietas extenuantes. Cada vez que esta mujer alcanzaba el peso deseado, se veía afectada por unas ansias irrefrenables de comer que la devolvían al exceso de peso anterior a la dieta.

Durante el tratamiento, apareció su deseo de ser, una vez conseguido el peso ideal, atractiva y deseable para los hombres. Pero, precisamente, el temor de no conseguir llegar virgen al matrimonio, como le imponían sus principios morales, desencadenaba en ella una reacción defensiva que se traducía en el hecho de que, al tener excesivo peso, se sentía al abrigo de toda asechanza.

El exceso de peso, que por otra parte combatía fatigosamente con drásticas restricciones alimentarias, la protegía del temor a perder la virginidad que en tanta estima tenía. De nuevo, nos encontramos ante una contradicción aparente entre la voluntad de seguir un programa para adelgazar, por una parte, y, por otra, la ansiedad que la llevaba a actuar exactamente de forma contraria a lo que ella deseaba.

La ventaja secundaria se encuentra en el exceso de peso que, de forma lógica y consciente, combatía, pero que en el fondo conservaba a fin de defenderse del temor a ceder ante las seducciones.

Cualquier psicólogo que se dedique a la psicoterapia sabe que en el tratamiento de las neurosis de sus pacientes ha de tener muy en cuenta las ventajas secundarias que estas neurosis ocultan.

Dejando el campo de la psicología clínica y regresando al de la psicología de la comunicación, constatamos que el mecanismo de la ventaja secundaria funciona fuera del ámbito de las neurosis.

De una forma más sutil y sin llevar a disfunciones especiales, la ventaja secundaria actúa constantemente en la vida cotidiana.

En la vida empresarial es muy frecuente que un empleado, después de haber trabajado con empeño y dedicación, rechace en un momento dado el ascenso por el que se había afanado tenazmente.

Analizando a fondo algunas de estas situaciones, se descubre que, a veces, quien desea metas ambiciosas en su carrera profesional puede sentir temor de no estar a la altura de sus nuevas responsabilidades, o bien, que valoradas otras variables, como la familia, la salud, el estrés, etc., renuncie a los objetivos inicialmente propuestos.

También en estos casos está en juego, con sus contradicciones aparentes, la ventaja secundaria. Por una parte, existe la voluntad de la mejora profesional y, por otra, el temor de emplear las energías y las propias posibilidades en un mundo desconocido provoca temor y genera ansiedad. Si estos temores no son superados, la ventaja secundaria lleva a la renuncia de la mejora.

La ventaja secundaria está relacionada con la persuasión.

Cada vez que nos encontramos en la situación de tener que asumir una nueva idea, o valorar nuevos puntos de vista, entramos irrenunciablemente en un conflicto.

El hecho de abandonar una convicción puede comportar ventajas, pero también pérdidas. Precisamente, la ventaja secundaria se construye sobre el volumen de lo que se pierde.

De aquí, que se haya de actuar sobre esta ventaja secundaria, evidentemente con elegancia y discreción, antes de hacer cualquier intento innovador. Al hacer salir a flote la ventaja secundaria, evitaremos golpearnos contra el «muro» de resistencias que bloquean cualquier posibilidad de entendimiento durante un diálogo que quiere ser fructífero.

Conclusión

Volvamos al uso de las metáforas en la comunicación persuasiva. Imaginemos ahora una reunión de trabajo en cuyo clima reine la desmotivación. A causa de ciertas dificultades imprevistas, no se han conseguido los objetivos de la empresa, con las consecuencias negativas que tal situación lleva consigo. Además, es fácil prever las dificultades que se asoman al horizonte. El resultado es que la frustración y la tensión se han enseñoreado del ánimo de los presentes. El relator, en tal situación, podría narrar una anécdota, una metáfora o una historia cuyos personajes se encuentren en la situación de tener que emprender un largo y fatigoso viaje, y obligados a llevar a cabo empresas peligrosas y arriesgadas.

En algún momento, se inserta en el relato la aparición de una oportunidad inesperada que permite encontrar la solución a los graves problemas presentes. Desde este momento, el viaje continúa sin estorbos y se concluye con el éxito y la merecida satisfacción de todos.

O bien, se puede narrar la historia de un arqueólogo que según sus estudios y planos, espera encontrar en determinado paraje las ruinas de una civilización antigua. Excava y, con gran desilusión por su parte, no encuentra sino material rocoso. El resultado no es más que la desilusión por el dinero y tiempo perdidos.

De todas formas, insiste en sus trabajos hasta que, bajo la capa rocosa, taladrada ahora gracias a nuevos instrumentos de perforación, más sofisticados que los anteriores, aparecen los grandiosos muros, todavía bien conservados, de la antigua civilización buscada.

Volvemos a repetir que las metáforas, cuanto más cercanas sean, por su capacidad simbólica, a la experiencia vivida por los interlocutores, tanto más capaces son de permitir que estos puedan identificarse con los personajes del relato.

La comunicación estructurada

Examinemos ahora un esquema de comunicación estructurada, que tiene en cuenta todo lo que hemos visto hasta ahora y lo sintetiza.

Un esquema de estructura de la comunicación sobre los estados mentales se fundamenta en estas tres estructuras principales:

— estado mental;
— contenido;
— metáfora/narración.

El argumento que se ha de presentar en una reunión de trabajo, por ejemplo, o en un mensaje que se comunica a un único interlocutor, puede anticiparse con la debida discreción.

Veamos, a título de ejemplo, el esquema estructural de una típica relación de trabajo:

— estado mental: la pertenencia;
— contenido: el producto orientado al cliente;
— metáfora/narración: *I promessi sposi,* de Manzoni.

La relación comienza evocando el estado mental de la pertenencia, desarrolla como contenido la importancia de la comercialización de un producto orientado al cliente, y se argumenta con el relato de Manzoni.

Estado mental. La reunión de hoy tiene como objeto encontrar juntos soluciones nuevas que nos permitan superar la restricción del mercado en el campo de nuestra producción y encontrar razones que nos permitan superar la competencia. Tenemos datos concretos y cuantificables que demuestran cómo en el pasado, en situaciones de emergencia, nuestras capacidades y habilidades de gestión nos han permitido superar las dificultades y comprobar el éxito de nuestras iniciativas.

Contenido. La comercialización de nuestros productos ha de tener en cuenta la «cercanía al cliente», es decir, la necesidad de llevar a cabo un análisis sobre las expectativas y deseos que nos permitan proponer una serie de servicios que hagan aumentar en él la motivación para adquirir nuestros artículos. Por ello, nuestros productos estarán directamente orientados al cliente.

Metáfora. Manzoni hizo la primera redacción de *I promessi sposi* en su dialecto milanés. Inmediatamente, para llegar a un público más amplio, reescribió su obra en italiano.

Este puede ser un ejemplo de producto orientado al cliente, conseguir trasladar el contenido de *I promessi sposi,* sin cambiar su atmósfera y significado, a un público que no sabía leer el dialecto milanés.

La comunicación estructurada se elabora de formas muy diversas.

Se pueden evocar, por ejemplo, varios estados mentales y una sola metáfora para argumentar sobre un solo contenido.

ESTADO MENTAL	CONTENIDO	METÁFORA/RELATO
1.er estado mental		
2.º estado mental	un solo contenido	una sola metáfora
3.er estado mental		

Es posible evocar diversos estados mentales y diversas metáforas para fundamentar, a su vez, distintos contenidos simultáneamente.

ESTADO MENTAL	CONTENIDO	METÁFORA/RELATO
1.er estado mental	1.er contenido	1.ª metáfora
2.º estado mental	2.º contenido	2.ª metáfora
3.er estado mental	3.er contenido	3.ª metáfora

Podemos observar cómo las combinaciones de las distintas interacciones entre los estados mentales, las metáforas y los contenidos pueden ser numerosas, según nuestra fantasía. Todo ello depende del tiempo disponible, del tipo de auditorio y de la atmósfera en la que se opta por trabajar unas combinaciones y no otras.

Motivar la escucha

Para completar nuestra exposición sobre las dinámicas de la persuasión, examinemos ahora la motivación que tienen nuestros interlocutores para la escucha.

Para que una estrategia de persuasión sea eficaz, es también muy necesario tener en cuenta la motivación que los destinatarios de nuestra comunicación poseen. Todo cuanto seamos capaces de decir o de hacer se convierte en ineficaz si, a quien debemos convencer, no está dispuesto a escucharnos o a dejarnos hablar.

Rollo-May, psiquiatra y psicólogo, ha catalogado cuatro tipos de oyentes, según el grado de autopercepción del conocimiento que estos tengan del argumento que se trata y de la satisfacción experimentada sobre la competencia, hablando siempre en términos de autopercepción.

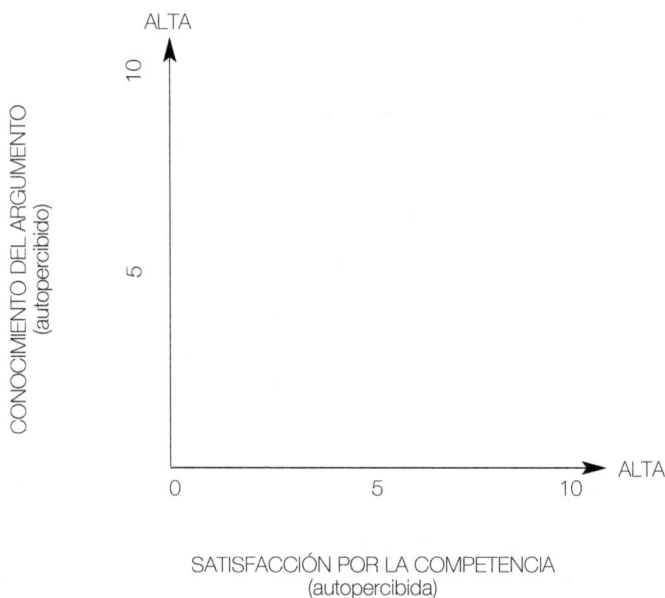

En la abscisa se representa el grado de autopercepción satisfactoria sobre la competencia, es decir, no la satisfacción real que puede producir, sino cómo la experimenta nuestro interlocutor.

En la ordenada se representa el grado de conocimiento autopercibido sobre un argumento. De nuevo, en este caso no se trata del conocimiento real, sino de cómo es percibido por el interlocutor.

Los prevenidos

Cuando nuestro interlocutor está convencido de conocer muy bien el argumento sobre el que estamos hablando, y cuando también es alto el grado de satisfacción que percibe sobre la competencia, estamos ante el grupo que Rollo-May define como «prevenidos».

El prevenido tiene la tendencia a conservar y mantener sus propias convicciones, con una cierta obstinación, y tiene la propensión a mantener comportamientos de distancia frente a sus interlocutores. Para el prevenido, «no hay nada que podamos contarle y que él ya no conozca».

La estrategia para atraer la atención de los prevenidos consiste en poner en crisis, con preguntas elegantes y con ironía fina, sus conocimientos. Esto debe hacerse evitando cualquier comportamiento que pueda ser juzgado como burla, ya que sólo crean malestar y tensión y, además, son muy poco útiles para mantener las buenas relaciones. Es necesario ser, en cierto modo, socrático.

Sócrates concebía sus enseñanzas como un «diálogo» y solía plantear preguntas sobre la esencia de determinadas cuestiones. Se preguntaba, por ejemplo, sobre la esencia del saber, o la esencia del bien y de la justicia. Él, con un gran sentido de la ironía, se fingía ignorante, precisamente, en temas en los que era un gran maestro.

Con este método, el gran ateniense construía un hábil interrogatorio que desorientaba a su interlocutor, hasta hacerle consciente de su ignorancia. El momento de sabiduría en el que se llega a la conciencia de no saber era el punto de partida para una búsqueda constructiva sobre el verdadero conocimiento y no de los falsos saberes, hijos de la presunción.

Este proceso se seguía siempre «de buena fe», porque el maestro estaba realmente interesado en el aprendizaje de sus discípulos y sentía como algo propio su crecimiento moral, espiritual y cultural.

El filósofo vivía como objetivo propio ayudar a sus interlocutores a hacer que su propia mente les llevase a la luz de la verdad. Este arte socrático se conoce con el nombre de *mayéutica*, del griego *maieutiké*, que literalmente podría traducirse así: «Lo que se refiere al arte de las comadronas».

Cuando nos comunicamos con los prevenidos es también útil practicar el método mayéutico y, por ello, es oportuno que las preguntas que planteamos para poner en crisis los conocimientos del prevenido sean formuladas «de buena fe», es decir, con la voluntad sincera de ayudarle para que salga, junto con nosotros, de la rigidez de ciertas convicciones poco provechosas, incluso para él mismo.

Aun cuando el prevenido se cree, a veces, más conocedor de los argumentos de lo que realmente conoce, y se siente satisfecho por una competencia que ha de ser demostrada, hemos de respetar su altivez, ya que es muy probable que esconda inseguridades que le impidan examinar realidades nuevas y nuevos puntos de referencia. Si nuestra estrategia de comunicación tiende sinceramente a ayudarle y sacar a la luz perspectivas nuevas y nuevos modos de ver las cosas, siempre por su interés, la relación se transformará espontáneamente en una discusión serena y amistosa, de la que ambas partes sacarán provechosos beneficios.

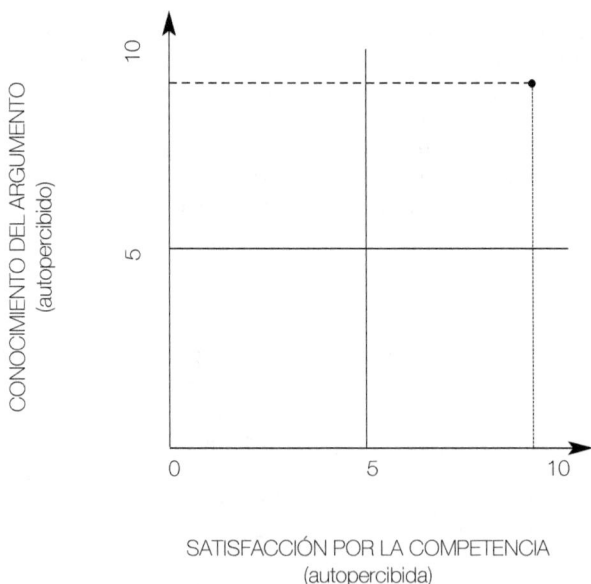

Los ajenos

Cuando la autopercepción de los conocimientos es de un nivel ba
jo, es decir, cuando nuestro interlocutor está convencido de que conoce poco un argumento, pero de todas formas está satisfecho del
grado de competencia que lo poco que conoce le concede, estamos
ante la categoría de individuos que Rollo-May denomina «ajenos».

La estrategia para captar su atención reside en conseguir disminuir su grado de satisfacción sobre la competencia, poniendo el én-
fasis en la importancia y significatividad del argumento tratado.

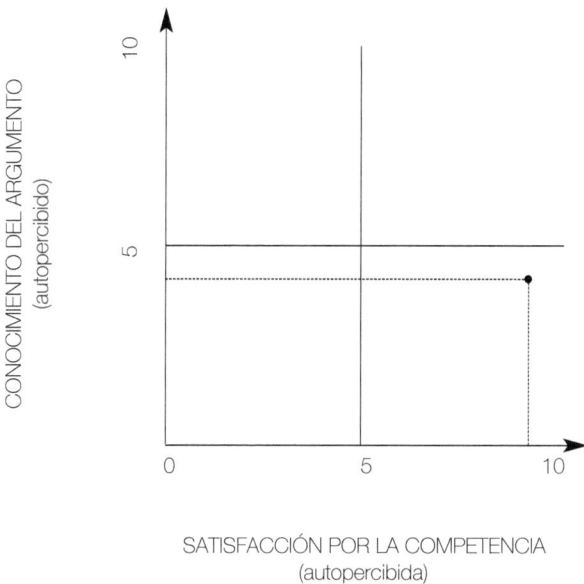

Los insatisfechos

Cuando la autopercepción del conocimiento es baja, es decir, nuestro interlocutor está convencido de conocer poco sobre el argumento, y también es baja la satisfacción sobre la competencia, nos encontramos con la categoría de individuos que Rollo-May define como coléricos. El insatisfecho tiene, generalmente, ansia de aprender y tiene unas expectativas demasiado elevadas frente a la fuente que emite la comunicación. Se puede decir que tiene «hambre» de conocimientos, y se indigna cuando sus expectativas no son satisfechas.

La estrategia para conseguir captar la atención de los individuos que pertenecen a este grupo consiste en comunicar de forma que se den muchas informaciones, con mucha disponibilidad y profundizando siempre, si se pide, en el argumento que se está tratando.

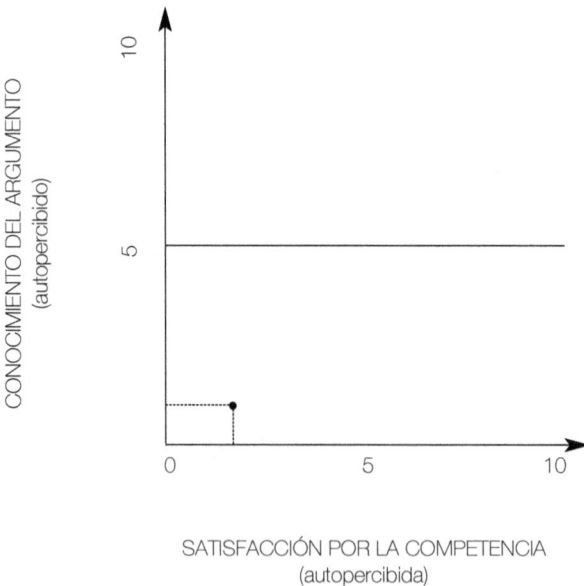

CONOCIMIENTO DEL ARGUMENTO (autopercibido)

SATISFACCIÓN POR LA COMPETENCIA (autopercibida)

Los masoquistas

Cuando la autopercepción del conocimiento del argumento es alta, es decir, cuando nuestro interlocutor está convencido de que conoce muy bien el argumento, pero está poco satisfecho de su propio grado de competencia, nos encontramos con la categoría de individuos que Rollo-May define como masoquistas.

Los masoquistas se resisten a encontrar satisfacción en su propia competencia, incluso siendo muy competentes.

La estrategia para captar la atención de los individuos que pertenecen a esta categoría consiste en el reconocimiento de su competencia en una materia determinada o en un argumento concreto.

Es además importante presentar las informaciones en un clima de empatía y con una buena dosis de participación emotiva.

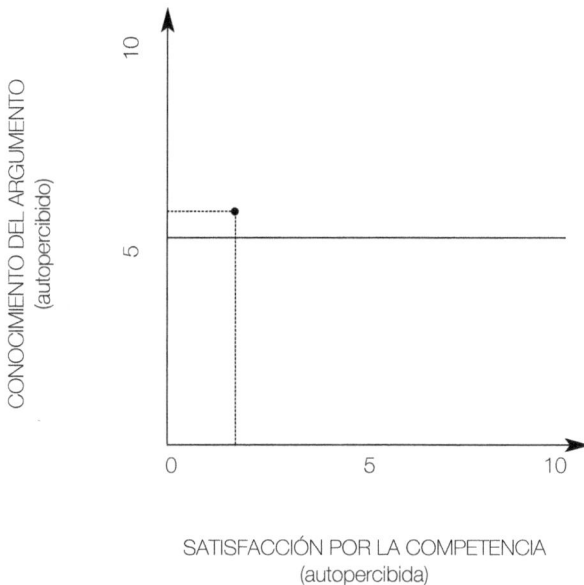

Conclusiones sobre la persuasión

Ya hemos visto y examinado los aspectos teóricos y positivos de algunas dinámicas de la persuasión.

Los procesos que se refieren a la psique son muy complejos, a veces indescifrables, y todos ellos todavía objeto, en gran medida, de nuevas exploraciones e investigaciones.

Hemos aprendido mucho de todos los filósofos, literatos, artistas y psicólogos que se han interesado en los misterios del espíritu humano, aun cuando todo lo que hemos aprendido, a veces, presentaba contradicciones y era fuente de dudas. Pero el conocimiento humano ha podido avanzar, precisamente, gracias a las dudas, y no a las falsas certezas.

Freud afirmaba que el progreso, como el caminar, sólo se aprende perdiendo y reconquistando el equilibrio a través de una serie de errores, y sostenía también que el error es, frecuentemente, la verdad vista de una forma desordenada.

Por otra parte, en el campo científico, toda teoría es válida hasta el momento en que se prueba la contraria.

Las dinámicas de la persuasión que hemos considerado hasta ahora son teorías que, si están bien aplicadas en el mundo real, funcionan y dan resultados positivos, pero continúan siendo teorías, cuyo valor ha de ser comprobado por su ejercicio en la práctica diaria.

Claude Bernard, fisiólogo francés del siglo XIX, afirmaba: «Las teorías no son ni verdaderas ni falsas, son sólo fecundas o estériles», es decir, añadimos ahora nosotros, o funcionan o no funcionan.

Todo cuanto hemos expuesto hasta ahora a propósito de la persuasión no pretende ser una verdad irrebatible, sino un modelo de técnicas que funcionen, y el único modo para comprobar su eficacia es intentar ponerlas en práctica.

Si todo cuanto está escrito contradice otras convicciones nuestras sobre los mecanismos de la persuasión, pensemos sólo que esto es una aportación más a nuestros conocimientos, que podemos integrar y confrontar con todo lo que ya sabemos a fin de conseguir un enriquecimiento mayor.

COMPORTAMIENTO
Y RELACIÓN

Ahora analizaremos los comportamientos que tendemos a asumir en las interacciones humanas. Los clasificaremos en cuatro categorías. Cada vez que definimos categorías de comportamiento, es muy difícil identificarnos después de una forma clara con alguno de los grupos, ya que son rarísimos los casos «puros». Los rasgos que nos caracterizan pueden encontrarse reflejados, parcialmente, en todas las categorías. Por ello, una vez identificadas las peculiaridades de cada grupo, es necesario establecer en qué medida nos identificamos con él.

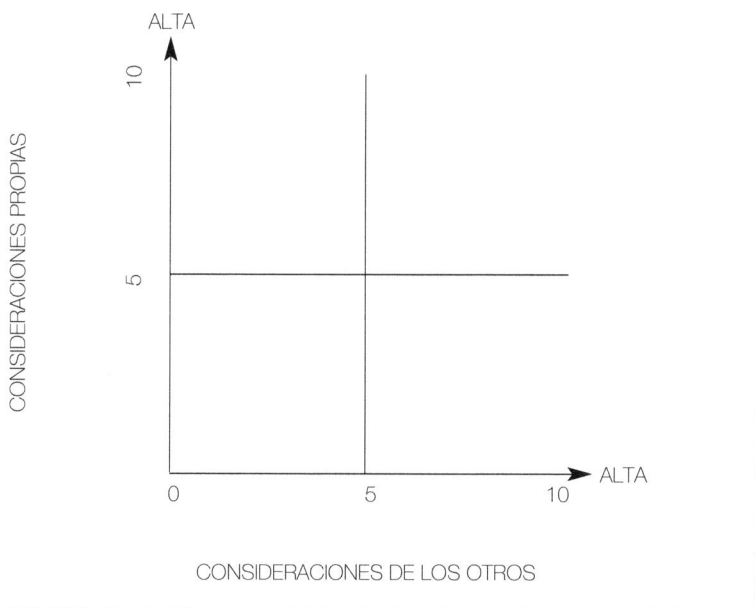

En algunas fases de nuestra vida o con ciertas personas, actuamos con comportamientos distintos de los que nos caracterizan. Además, ningún comportamiento es, por sí mismo, positivo o negativo, sino que se convierte en productivo y útil o, por el contrario, en improductivo y perjudicial, según el contexto en el que se produzca.

Examinemos algunos diagramas, semejantes a los que ya hemos visto al estudiar la matriz de Rollo-May, pero con otros parámetros: en la abscisa situamos el grado de consideración de los otros; en la ordenada, el grado de consideración sobre nosotros mismos.

Comportamiento sumiso

Cuando en las relaciones interpersonales, las circunstancias nos llevan a tener una baja valoración de nuestras capacidades y, simultáneamente, una gran valoración de las capacidades de los otros, estamos actualizando un comportamiento sumiso.

Es sumiso quien rehuye las dificultades y tiende a cargar sobre los otros las responsabilidades propias. También tiende a buscar justificaciones sin proponer soluciones, dejando que elijan los demás.

Resulta ahora superfluo decir que un comportamiento tal es el menos adecuado para conseguir determinados objetivos.

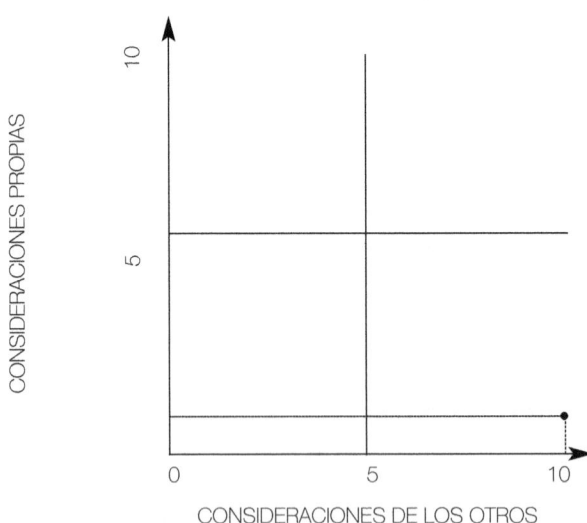

Comportamiento autoritario

Cuando en las relaciones interpersonales, las circunstancias nos llevan a tener una alta consideración de nosotros mismos y una consideración baja de los demás, actuamos de modo autoritario. El comportamiento autoritario se caracteriza por la irascibilidad.

El autoritario tiende a no tener en cuenta el parecer de los otros, a ser hostil de forma imprevisible, a humillar y a despreciar. Tiende fácilmente a generalizar, faltando la debida objetividad a la hora de expresar pareceres o valoraciones sobre los hechos y las personas.

Convierte en un hábito la interferencia en las elecciones de los demás; impide el crecimiento de los colaboradores al centralizar y no delegar las tareas. En consecuencia, el autoritario se rodea de individuos que, si no abandonan antes, se convertirán en incapaces a los que es necesario enseñarles siempre todo.

El sujeto con comportamiento autoritario tiende a no reconocer los propios errores y pierde así las oportunidades de desarrollo profesional y humano, convirtiéndose en un inquisidor poco eficiente a la hora de encontrar soluciones; a menudo, pretende dominar las conductas ajenas y no justifica sus propios comportamientos.

Tal comportamiento hace antipático al autoriatario y lo sitúa en una posición muy poco productiva para sí mismo y para los demás.

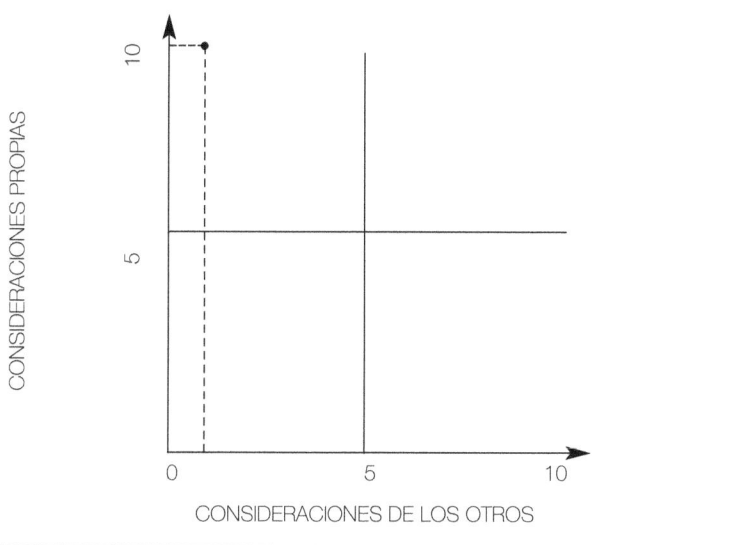

Comportamiento autoritario enmascarado o manipulador

Cuando tenemos, al mismo tiempo, una baja consideración de nosotros mismos y de los demás, manifestamos un comportamiento manipulador. Esta es una forma indirecta de gestionar la agresividad, utilizando a los demás para los propios fines, pero sin concederles ninguna responsabilidad.

Los rasgos autoritarios de tal comportamiento se encuentran camuflados: la finalidad última es conseguir los propios objetivos, sin consideración alguna por los demás.

Cuando se han de tomar decisiones que ofrecen la posibilidad de manipular a los demás, es fácil caer en este tipo de comportamiento.

«Me desagrada comunicarle esto, ¿sabe usted?, si dependiese de mí, actuaríamos de otra manera, pero...».

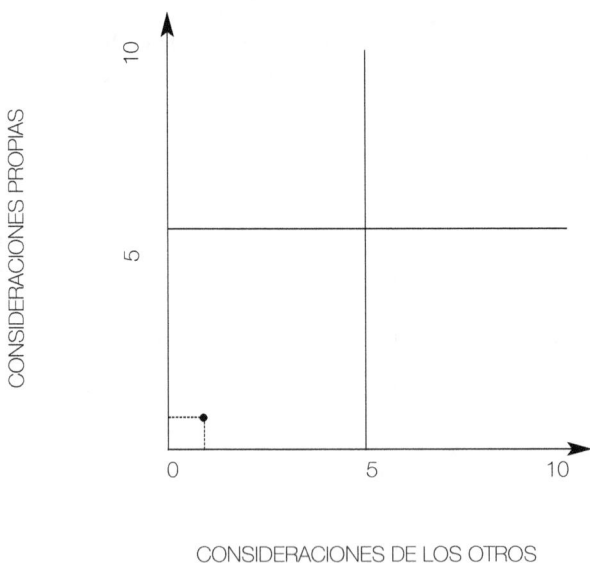

CONSIDERACIONES DE LOS OTROS

Con estas fórmulas dejamos de asumir la responsabilidad de lo que decimos, evitando la impopularidad. Sin embargo, el comportamiento manipulador queda siempre, tarde o temprano, al descubierto, y origina estados de ánimo que van desde el malestar hasta el rencor.

Escabullirse de las propias responsabilidades nos impide crecer profesionalmente y nos sitúa en una posición de inferioridad al entrar en relación con un individuo muy agresivo y poco dispuesto a tomar en consideración nuestras excusas. Cuando no afirmamos de forma abierta nuestras opiniones y nos defendemos echando sobre otros nuestras responsabilidades, acabamos evocando, indefectiblemente, en nuestros interlocutores una sensación de deslealtad que nos ayudará muy poco en las relaciones de negocios o de trabajo.

El comportamiento manipulador, una vez identificado, crea barreras de desconfianza y sospecha en cualquier tipo de comunicaciones.

Comportamiento relacional positivo

Cuando tenemos, simultáneamente, en alta consideración las capacidades de los demás y las propias, actuamos con un comportamiento relacional positivo y asumimos la responsabilidad de nuestros actos. Evidenciamos los hechos, y no las opiniones. Esta actitud es una de las cosas más importantes de las relaciones interpersonales.

Dar la importancia debida a los hechos nos ayuda a ser más objetivos, menos sugestionables y más imparciales en las decisiones.

Tal comportamiento nos lleva a describir y motivar las actuaciones de forma explícita, aportando la documentación debida, cada vez que se formula una opinión o una propuesta, y ello nos hará personas realistas que saben planificar su vida y su actividad.

Llevar a cabo un comportamiento relacional positivo significa verificar siempre las respuestas que se dan en una comunicación.

Otra característica fundamental del comportamiento relacional positivo es la de saber delegar y favorecer el crecimiento de los colaboradores. Desde esta óptica, las críticas de los demás no nos alteran ni ofenden, sino que son puntos de vista que nos ofrecen la posibilidad de considerar aspectos de la realidad que no habíamos tenido en cuenta. Por tanto, la crítica se considera algo positivo.

Con este comportamiento se consigue lo que se desea, sin despreciar a los otros ni herirlos, defendiendo nuestras propias opiniones en un clima de máximo respeto por las que manifiestan los demás.

Se escucha atentamente lo que dicen los interlocutores. A veces se piensa que no expresar las propias opiniones es un signo de debilidad y de falta de carácter. Pero una cosa es el silencio, porque no se tiene nada que decir, o bien, porque no se consigue decir lo que se piensa, y otra cosa muy distinta es el silencio de quien escucha para valorar todo lo que en una relación personal dicen los demás.

En la actitud de escucha activa es importante evitar la valoración prematura del contenido de los mensajes y llegar a conclusiones precipitadas. Es muy importante dejar que el interlocutor acabe de hablar, como también lo es concentrarse sobre lo que se está diciendo,

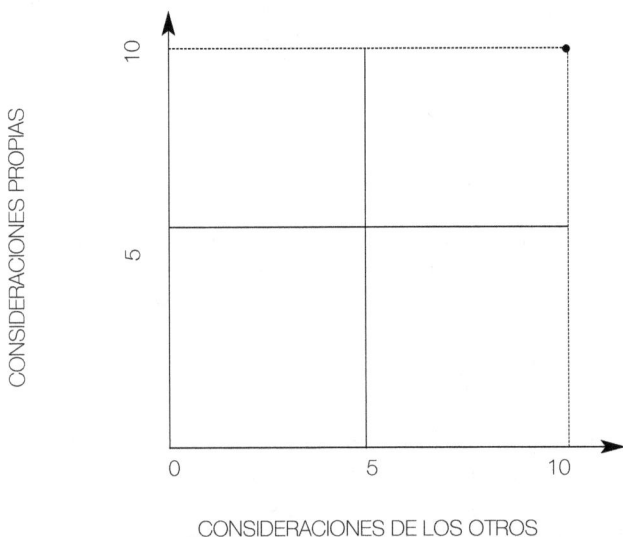

eliminando de nuestra mente pensamientos que no se refieran al argumento que se está tratando en estos momentos.

En el comportamiento relacional positivo —y esto es importante repetirlo— se ha de dar la máxima importancia a los hechos, no a las opiniones.

Para conseguir una buena relación interpersonal es necesario evitar dejarse sugestionar por las opiniones y, al mismo tiempo, es imprescindible «centrarse» en los hechos.

En un comportamiento relacional positivo, las críticas no ponen nunca en entredicho a las personas, sino que se centran siempre en los argumentos que se esgrimen.

Podemos formular ahora algunas reglas áureas del comportamiento relacional positivo.

1 Exponer de forma explícita nuestras opiniones y argumentos.

2 Expresar, después de haber reconocido la pertinencia de las opiniones de nuestros interlocutores, los propios deseos, sentimientos, preguntas y disensiones.

3 Expresar siempre las propias opiniones respetando las ajenas.

4 Gestionar y orientar la discusión hacia un objetivo.

5 Planificar.

6 Asumir las responsabilidades propias sobre lo que se dice y lo que se hace.

7 Asumir siempre comportamientos dirigidos a resolver los problemas.

8 Criticar sólo lo que puede cambiarse. La crítica de lo que no puede experimentar cambios crea frustración y no sirve para nada.

ESQUEMA DE LAS NECESIDADES Y DE LAS MOTIVACIONES

Examinemos uno de los esquemas de análisis de la dinámica de las necesidades.

Este modelo considera la necesidad como una energía potencial.

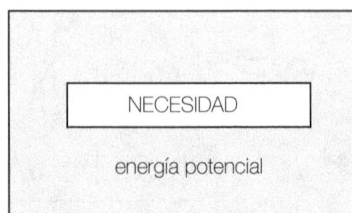

La energía potencial que representa la necesidad puede activarse por un estímulo externo o por uno interno. Una vez estimulada, aumenta el estado de tensión para conseguir el objeto del deseo.

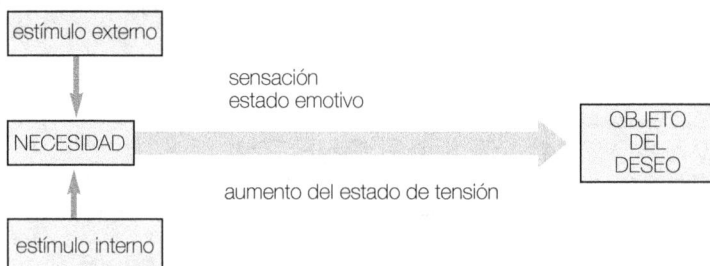

Pongamos un ejemplo sencillo: el estímulo del hambre. El deseo de alimentarse puede surgir por la visión de los alimentos (estímulo externo), o bien, por el simple pensamiento en el alimento mismo (estímulo interno). Todo ello crea un estado emocional, un aumento de tensión que impulsa y orienta hacia el alimento o su obtención.

El aumento de tensión hacia el alimento crea la motivación para alimentarse o para procurarse la comida. Entre los animales, el proceso es el que se ha descrito. Un león tiene hambre *(necesidad)*, ve una gacela *(estímulo externo)*, encuentra la *motivación* para *iniciar la cacería*, y activa sus estrategias de captura de la presa.

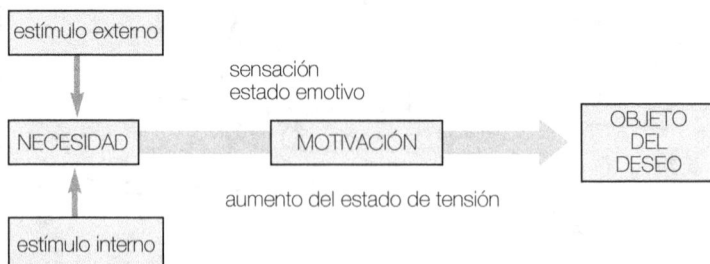

En el hombre, este proceso es algo más complejo, ya que entra en juego la fidelidad a la propia escala de valores.

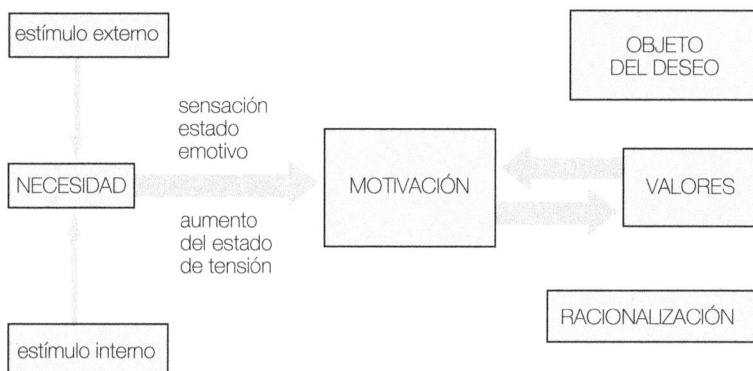

Consideremos de nuevo el ejemplo del alimento. Vemos la comida *(estímulo externo)* que aumenta el estado de tensión hacia el objeto del deseo *(el alimento)*, pero, por otra parte, hemos decidido seguir una dieta alimenticia controlada, porque queremos disminuir el nivel de colesterol en la sangre.

En este caso, el valor está representado por el buen estado de salud que se quiere conservar. Por esto, la dieta es importante en este momento, ya que nos ayuda a prevenir las posibles patologías cardiovasculares. ¿Y la necesidad de alimentarse? ¿Podremos conseguir el objeto de nuestro deseo? La satisfacción de la necesidad ha de pasar, en este caso, por un proceso de racionalización.

Nuestra mente, de carácter lógico, se encuentra en conflicto. Hemos de elegir entre el comer, satisfaciendo de esta forma nuestro deseo del alimento contemplado, o bien, renunciar, por razón de la dieta y por la fe que hemos puesto en la prohibición que nos ha impuesto la escala de valores, que nos exige controlar los niveles de colesterol y, consecuentemente, prevenir el riesgo de arterioesclerosis.

El conflicto tiene tres posibles soluciones:

— acceder a la satisfacción del objeto deseado, es decir, comer;
— renunciar al placer de comer determinados alimentos, o aplazarlo para otro momento, cuando hayamos terminado la dieta impuesta;
— sublimar, es decir, encontrar una alternativa que sustituya la necesidad de alimento, como: tocar un instrumento musical, dedi-

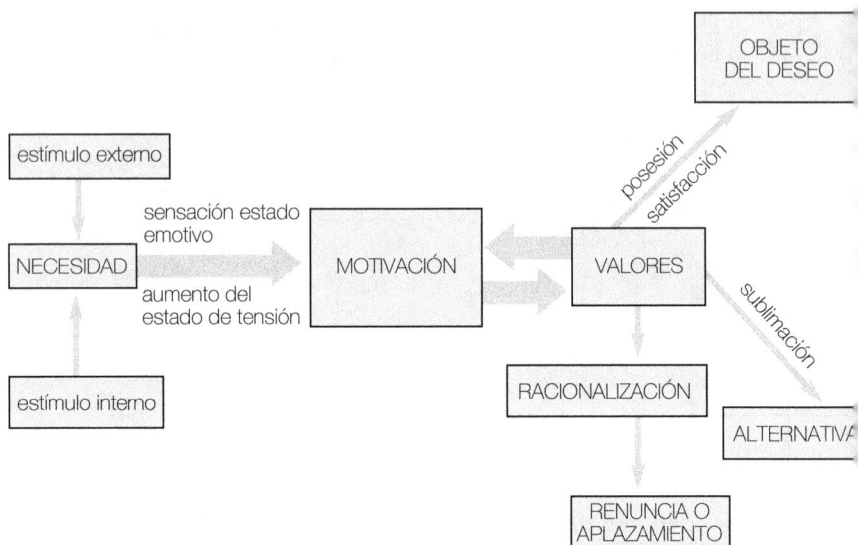

carse a la pintura, o a la lectura de un buen libro, o a cualquier otra actividad.

Las necesidades y los valores deben tenerse en cuenta si queremos relacionarlos de forma «ecológica», respetando a nuestros interlocutores. Si las necesidades y los valores son tan importantes en el proceso como para influir sobre el comportamiento, se ha de trabajar sobre ellos a fin de conseguir una correcta relación interpersonal.

Algunas cuestiones, planteadas con discreción, nos permitirán comprender, en cada momento, las necesidades y los valores que mueven a las personas que se relacionan con nosotros.

Estas cuestiones pueden definirse como «preguntas-sondeo».

Para sondear los deseos las preguntas son: *«¿Qué necesita ver?»*, o bien, *«¿Qué necesita escuchar?»*, o incluso, *«¿Qué necesita probar para...?»*.

Intentemos hacer, por ejemplo, a un amigo o a un compañero de trabajo la siguiente pregunta: «¿Qué **necesitas** ver para saber que puedes fiarte de una persona?».

La respuesta podría ser: «Necesito que me mire a la cara cuando habla». En este caso, la transparencia en las relaciones, «certificada» por el mirar francamente a la cara, es la necesidad que motiva la confianza en los otros.

La pregunta podría plantearse también de esta manera: «¿Qué necesitas escuchar para saber que puedes fiarte de una persona?».

Posible respuesta: «Tengo necesidad de escuchar que en los momentos de apuro puedo contar con ella».

La expresión «cuenta siempre que quieras conmigo» es la necesidad que motiva la confianza.

Todavía podría haberse planteado de otro modo la pregunta:

«¿Qué necesitas experimentar para saber que puedes fiarte de una persona?».

Posible respuesta: «Tengo necesidad de experimentar una sensación de serenidad y sentir que puedo despreocuparme de defenderme de algo que no sé definir muy bien».

La posibilidad de evitar tener que recurrir a mecanismos de defensa, con la serenidad que surge de ello, es la necesidad que motiva la confianza en una persona.

Con estas «preguntas-sondeo» se descubren las necesidades que mueven los comportamientos humanos.

Consideremos ahora las preguntas-sondeo para descubrir los **valores** que motivan el comportamiento. Para descubrir estos *valores*, las preguntas son de este tipo: «¿Qué es importante para ti?», «¿qué tiene valor para ti?».

Si preguntamos, por ejemplo, a alguien: «¿Qué tiene valor para ti en la amistad?», la respuesta podría ser: «Para mí, tiene un gran valor la lealtad».

Y si preguntamos: «¿Qué es realmente importante para ti a la hora de comprar un automóvil?», la respuesta podría ser: «Para mí es importante, sobre todo, la seguridad».

Con tales preguntas, aparecen los valores que guían las elecciones de las personas.

En el ejemplo de la primera pregunta queda en evidencia cómo el valor que hace nacer la amistad es, precisamente, la lealtad y, en la segunda, que el valor que motiva la elección de comprar un automóvil u otro es la seguridad que ofrecen.

Imaginemos que nos encontramos en la exposición de un concesionario de automóviles.

El cliente observa un coche, se sienta en él y prueba los mandos.

Se informa de sus prestaciones, del coste y de todo lo que se necesita saber cuando se tiene la intención de comprar un vehículo.

Está casi decidido a comprarlo, pero todavía queda alguna cosa que le impide tomar la decisión final. El vendedor comienza con las preguntas-sondeo sobre las necesidades y los valores. El diálogo podría desarrollarse de la siguiente forma:

— Le veo un poco indeciso. Dígame, ¿qué necesita ver para saber si este coche es el que usted está buscando?

— Pues... necesitaría ver si los acabados están bien cuidados.

— ¿Y qué necesitaría saber?

— Sí... Necesitaría saber que tiene puntos de asistencia en todo el territorio nacional.

— ¿Y qué condiciones necesitaría comprobar en el coche?

— Necesito que sea cómodo y confortable en la conducción... Yo, por razones de trabajo, recorro muchísimos kilómetros al año.

En esta breve conversación han quedado «reflejadas» las necesidades del cliente: necesita un coche bien acabado, con garantía de asistencia en cualquier punto del país y que tenga las condiciones para una conducción cómoda.

¿Y los valores?

Vendedor: «Dígame, ¿qué es realmente importante para usted a la hora de comprar un automóvil?».

Cliente: «Lo más importante es su seguridad. Tengo una familia de la que soy responsable».

En este momento nuestro vendedor argumenta:

«Bien, señor, como puede usted ver, los acabados de este modelo están cuidados hasta sus más mínimos detalles. Mire la calidad de los accesorios. Además, puede sentirse absolutamente tranquilo sobre la asistencia, ya que hay muchísimos centros a lo largo y ancho de todo el país; sus direcciones las encuentra usted en el manual de instrucciones. Puede encontrar varios en cada región. Por lo que se refiere a la comodidad, basta con que usted se siente y comprobará que el asiento está diseñado de forma anatómica, para proteger al máximo la columna vertebral. Cada pieza de este coche se ha fabricado con la mejor tecnología punta que garantiza su más absoluta seguridad».

Con estos argumentos, el vendedor está estructurando su discurso de venta, personalizándolo sobre las necesidades y los valores del cliente. El procedimiento utilizado es evidentemente claro.

Primera fase: descubrimiento de las necesidades y los valores del cliente.

Segunda fase: estructuración del discurso de venta, teniendo en cuenta estas necesidades y valores que se han conseguido con las preguntas dirigidas al cliente.

Este tipo de relación puede aplicarse tanto a unas relaciones de venta como a las relaciones interpersonales. Esta modalidad de comunicación que acabamos de examinar puede aplicarse eficazmente para vender un bien de consumo, como una idea o un proyecto.

LOS MECANISMOS QUE DETERMINAN EL COMPORTAMIENTO

Hay un antiguo proverbio que dice: el tono hace la música.

Para conseguir ser buenos comunicadores es necesario ser capaces de descubrir el tono justo y comprender por qué las personas reaccionan de modo diferente ante los mismos estímulos. Para ello, se analizan los mecanismos que determinan el comportamiento.

Estos mecanismos fundamentan el modo en que un individuo elabora las informaciones y elige sus propios comportamientos.

Nuestra mente lógica puede prestar atención sólo a un número limitado de informaciones durante un determinado tiempo. Los mecanismos que determinan el comportamiento proponen el esquema con el que se decide el objeto de atención, y permiten discriminar lo que interesa de lo que resulta insignificante.

Cuando se entra en el área de las dinámicas y de los mecanismos psíquicos, no se puede pretender la perfecta comprensión de los secretos más oscuros de la mente, pero sí que se pueden simplificar y enumerar algunas reglas útiles para la comunicación.

Acercamiento y huida

Todo comportamiento humano se apoya en el impulso de asegurar el placer y evitar el dolor. El hombre se retira del fuego para no quemarse y se acerca a un ser amado para manifestarle su afecto.

Cualquiera intenta cambiar de trabajo si la novedad le satisface (acercamiento al placer), o si está cansado de hacer siempre lo mismo, o porque el ambiente de trabajo se le ha hecho insoportable (huida del sufrimiento). Hay quien lee el último *best seller* porque es un espíritu curioso, ama la lectura y tiende a estar siempre al día (acercamiento al placer) y, otras personas, sin embargo, leen para no permanecer en la ignorancia (huida del sufrimiento).

Hay personas que hacen deporte por puro placer (acercamiento al placer) y otros, sin embargo, lo hacen para perder el exceso de peso (huida del sufrimiento de sentirse gruesos).

Puede uno comprarse un coche de gran cilindrada porque da prestigio (acercamiento al placer) o bien porque el automóvil de gran potencia ofrece una sensación de mayor seguridad cuando se conduce (huida del temor a conducir).

Un joven puede estudiar con ahínco porque desea sobresalir y quiere ser valorado (acercamiento al placer), o bien porque no ha sacado buenas notas y sus padres no le han comprado la motocicleta que ansiaba (huida de la frustración que produce la privación de la moto).

El análisis de este primer mecanismo que determina el comportamiento nos permite ver que la estrategia de la comunicación verbal es más eficaz si se crea una sintonía entre nuestras comunicaciones y las del interlocutor.

Si el interlocutor propone una estrategia de «acercamiento», es eficaz también crear una estructura de comunicación orientada «al acercamiento». Si, por el contrario, la estrategia planteada es de «alejamiento» es, evidentemente, oportuno utilizar una estructura de comunicación orientada al «distanciamiento».

Pongamos un ejemplo. Si le preguntamos a un amigo: «¿Has visto la exposición de tal pintor?».

Respuesta: «Sí la he visto, ¡pero qué lamentable! No veía la hora de abandonar la galería».

Pregunta: «Si es así, ¿por qué has ido?».

Respuesta: «¿Y cómo podía dejar de ir? Con mi posición social, no se puede dejar de ir a ciertos compromisos de tipo cultural».

De estas palabras se deduce que nuestro amigo en estos momentos está determinado por «la huida del malestar que le produciría ser considerado poco sensible ante las iniciativas culturales».

Si se ha de proponer una idea, un servicio o un producto es útil, en este caso, hacer la proposición apoyada en el mecanismo de huida.

Si queremos proponer a este amigo pasar un fin de semana con la familia en la montaña, le diremos: «Piensa en la posibilidad de venir este fin de semana con tu familia a la montaña. A tus hijos les vendrá muy bien apartarse durante unas horas de la contaminación de la ciudad. Además, el aire puro de la alta montaña previene las bronquitis y todas las molestias de los catarros de invierno».

La propuesta se apoya en la prevención de las enfermedades respiratorias, en un contexto «ecológico» que está muy en línea con las actitudes de «huida» de las molestias que proporcionan la vida en la ciudad y las enfermedades invernales, más o menos graves.

Consideremos la misma situación desde la perspectiva de acercamiento al placer. Pregunta: «¿Has visto la exposición de tal pintor?».

Respuesta: «Sí, la he visto. Es preciosa y muy interesante la selección de las obras que se han expuesto. Me han gustado, sobre todo, las de la "época juvenil" del artista. Hacía mucho tiempo que esperaba la oportunidad de contemplarlas».

Tales palabras nos revelan inmediatamente que nuestro amigo argumenta sobre la orientación de acercamiento al placer.

Si queremos proponerle la salida a la montaña, seremos más eficaces en la argumentación si resaltamos el mecanismo de acercamiento al placer. Una persona que se orienta al placer se siente molesta ante propuestas que presenten cosas de las que uno se ha de alejar. Quien considera, ante todo, el placer se interesará por todo cuanto de placentero puede ofrecerle la excursión, y no considera los eventuales problemas de salud que esta puede evitarle.

Lo que importa es el placer que se puede experimentar, no el malestar que se puede evitar. La propuesta de pasar el fin de semana en la montaña, por tanto, puede hacerse, en este caso, de la siguiente forma: «Piensa en lo estupendo que es poder salir este fin de semana y respirar el aire puro y fresco mientras paseamos en plena naturaleza; además, la delicia de saborear el silencio de las alturas, roto solamente por el agradable y relajante sonido del cencerro de las vacas mientras pastan. Piensa también en la belleza de llegar a la cima de un monte y contemplar el valle y el río de agua cristalina; y sentir el aroma de los pinos, que te inunda de serenidad y de paz. Sentirse parte de la naturaleza y en perfecta armonía con ella».

La propuesta se basa ahora sobre el placer. El argumento decisivo es el acercamiento a una realidad placentera, sin preocuparse en absoluto de lo que se debería evitar, sino únicamente de lo que se puede conseguir de belleza y bienestar.

Referencias egocentradas o heterocentradas

El segundo mecanismo que determina el comportamiento humano se centra en un marco referencial, que puede ser interno o externo.

Si preguntamos a alguien cómo comprende que ha hecho bien algo, su trabajo, un mueble, un cuadro u otra cosa, veremos cómo los individuos se dejan influir por los demás o por sí mismos.

Para algunos, la verificación de la obra bien hecha ha de venir del exterior. La aprobación de su superior, si se trata del trabajo, o del consenso familiar o de los amigos, si se trata de algo privado. La aprobación puede ser una sonrisa, un golpe en la espalda, u otro gesto, es decir, una verificación que implica a otras personas.

Para otros, la aprobación viene de su interior. Lo verdaderamente importante es que sus acciones sean aprobadas por ellos mismos.

Si construyen una estantería y no están convencidos de su funcionalidad, será inútil que los demás insistan en que el mueble es bello, útil y funcional. Su autor, que cree que el trabajo hecho no ha dado el resultado apetecido, quedará necesariamente insatisfecho.

Si por el contrario, el artífice del mueble está contento con las dimensiones, la funcionalidad y el color de la estantería hecha, las críticas ajenas servirán para muy poco.

Si quisiéramos convencer a una persona *egocentrada*, con un sistema referencial interno, para pasar el fin de semana en la montaña, nuestra argumentación sería más eficaz si se construye como sigue: «Estaba pensando en lo que me contaste de aquellos días que pasaste en la montaña y que te resultaron tan estupendos. Recuerdo que me dijiste que los paseos en estas alturas son bellísimos. Podríamos ir, quizá, con nuestras familias y descubrir la belleza de tal o cual valle, para gozar de unos días de descanso al aire libre».

La propuesta de los días de vacaciones se presenta a partir de un planteamiento egocentrado. Se destaca una experiencia de la montaña que ha hecho el interlocutor. Si, por el contrario, dijéramos: «Dicen que tal valle es bellísimo y que se pueden hacer paseos estupendos», la respuesta podría ser: «No me interesa lo que digan. Yo elijo los sitios donde ir en mi tiempo libre». No es práctico proponer a las personas egocentradas una referencia externa a ellos.

Sin embargo, sobre las personas *heterocentradas*, es decir, las personas que poseen un sistema referencial externo, tendrán un gran efecto las opiniones ajenas. Una persona heterocentrada elegirá más fácilmente ir al cine y ver una película si la crítica del filme es positiva o alguien que ya lo ha visto le habla bien de él.

El individuo heterocentrado con referencias externas es sensible a la publicidad que se sirve de «testimonios», o sea, la que asocia el producto que vende al rostro de una persona conocida, que se hará garante de la calidad del producto y de la bondad de la compra. Los heterocentrados se sentirán motivados con eslóganes del siguiente tipo: «Centenares de personas han usado ya nuestros artículos...».

El hecho de que otras personas hayan comprado ya el producto y que, presumiblemente, se encuentren satisfechas con él, es una demostración aceptable de la buena calidad de la mercancía.

Las personas egocentradas y con referencias internas serán sensibles a los mensajes publicitarios dirigidos a todo lo que es personal y exclusivo y apela a la experiencia directa del consumidor. El egocentrado se motiva a sí mismo; el heterocentrado encuentra la motivación en el ambiente. El egocentrado se convence cuando puede apoyarse en experiencias personales que ya conoce.

Necesidad y posibilidad

Otra categoría de mecanismos que determinan el comportamiento es la que distingue entre las personas que sitúan en primer plano el deber o la necesidad y las que dan la primacía a las posibilidades.

Hay individuos que organizan su vida sobre la base de lo que se debe hacer. Si practican un deporte es porque se lo ha dicho el médico; si van a un restaurante, eligen el de confianza que ya conocen, eliminando, por principio, el riesgo y la posibilidad de conocer otros.

Las personas motivadas por la necesidad se sienten atraídas por lo conocido y lo seguro. Cuando han de comprar un coche, se quedan en la elección de lo que satisface sus necesidadades, y sólo marginalmente se interesan por otras posibilidades.

Supongamos, por ejemplo, que alguien busca un coche utilitario, de color oscuro. Al encontrarlo, piensa: «Este coche es perfecto. Es del color que quiero y tiene todo lo que me interesa». A partir de este momento ya no buscará más coches que tengan las mismas características.

Las personas determinadas por las necesidades hablan siempre de deberes y de obligaciones. Visitarán a un pariente y a un amigo porque se ha de hacer y porque es justo hacerlo. Son siempre exageradamente cuidadosas con las responsabilidades y su vida privada se conduce bajo el signo de la limitación.

Si quieren comprar algo superfluo, sienten una resistencia interior que les hace desistir, ya que sólo consienten en gastar su dinero en cosas más racionales y útiles.

Estas personas aceptan en su trabajo la autoridad del superior que impone los deberes y define las responsabilidades, y su vida misma está regida por la autodisciplina y la autolimitación.

Quien se orienta por los deberes y las necesidades se reconoce fácilmente por su modo de hablar. Utiliza preferentemente expresiones del siguiente tipo: «Debo...»; «Es necesario hacer...»; «Está comprobado que...»; «No debo...»; «Es absolutamente necesario...», etc.

Las personas que pertenecen a esta categoría deciden fácilmente, ya que ante determinadas evidencias no ven muchas posibilidades de elección, sino tan sólo una y sólo toman esta en consideración.

Para este tipo de personas sirve tan sólo la siguiente norma: cuando dudes sobre el camino justo y equivocado, elige el más difícil y tendrás conciencia de haber tomado el justo.

La otra modalidad de determinar el comportamiento es, precisamente, la de contemplar las posibilidades.

Si hay personas que determinan su comportamiento, como hemos visto, a partir de las necesidades y del deber, hay también otras que encuentran la motivación en la búsqueda de posibilidades nuevas a la hora de hacer una elección. Con otras palabras, lo que les mueve no es lo que deben hacer, sino lo que desean hacer.

Si a la persona motivada por la necesidad le atrae lo conocido, a la que, en cambio, se decanta por las posibilidades, le atrae lo desconocido. Las necesidades serán la exploración, el conocimiento de lo nuevo y las posibilidades no descubiertas.

En su trabajo buscarán siempre la iniciativa y la investigación sobre procesos nuevos, aman el riesgo y los desafíos.

Como ya se ha visto, los comportamientos, y, por tanto, los mecanismos que los determinan, no se han de entender rígidamente, sino como realidades dinámicamente integradas entre sí. El buen comunicador sabe identificar la prevalencia de unos valores sobre los otros para sintonizar adecuadamente durante la comunicación.

Imaginemos una reunión durante una invitación.

Invitado A, «determinado por la necesidad»: «He hecho bien en aceptar esta invitación. Hay personajes importantes y, si no hubiese venido, quizá se hubieran podido molestar».

Invitado B, «determinado por la posibilidad»: «Sí, yo también he hecho bien aceptando la invitación. Pienso que esta tarde tengo la oportunidad de conocer gente interesante. Podría hacer amistades nuevas y, quizá, nuevas posibilidades de trabajo o de diversión».

Invitado A: «Mira, ahí está aquella persona que conocimos la vez anterior, ¿te acuerdas? Voy a sentarme a su lado, así podremos continuar la conversación que estábamos manteniendo el otro día antes de despedirnos».

Invitado B: «No, yo quiero cambiar. Prefiero hablar con quien no conozco todavía. ¿Quién sabe las cosas interesantes que podrán contarme? Cada persona es un mundo interior que interesa descubrir para compararlo con uno mismo y comprender cosas nuevas».

El invitado A acepta la invitación porque tiene que hacerlo, se sienta junto a quien ya conoce para recuperar una antigua conversación.

Nos encontramos, pues, frente a las características típicas de quien se motiva «por necesidad», es decir, quien actúa por el deber y por la atracción de lo que ya se ha experimentado.

El invitado B acepta la invitación porque piensa que existen posibilidades de hacer nuevas relaciones y encontrar nuevas oportunidades de trabajo y de diversión.

En este caso, tenemos todas las características de quien se motiva «por posibilidades», es decir, encontrar nuevas oportunidades, conocer posibilidades nuevas y explorar el espíritu de las personas.

No emitiremos ningún juicio sobre cuál de estas dos tipologías es más digna de confianza, o simpatía. Como ya hemos dicho, no existen comportamientos positivos o negativos, sino comportamientos consecuentes y funcionales en un contexto mejor que en otro.

En un trabajo en el que es necesaria la fidelidad, el método y la constancia, los individuos que se motivan por necesidad son lo mejor que puede encontrarse.

Sin embargo, estos serán poco útiles y eficaces en una actividad que requiera «riesgo emprendedor», cierta dosis de desprecio a los prejuicios establecidos y gran deseo de cambiar y de innovar.

En estos papeles se encuentran a su aire y rinden de forma eficacísima las personas motivadas por las posibilidades.

Los posibilistas pueden reconvertir una empresa con una larga tradición en el sector comercial y darle una imagen completamente distinta si las leyes del mercado así lo exigen.

La publicidad del tipo: «Desde 1800 producimos...», y que hace hincapié en los valores de la tradición de la empresa productora de bienes de consumo, tiene una gran resonancia emotiva en todas aquellas personas que determinan sus comportamientos sobre la necesidad.

Por el contrario, los posibilistas son sensibles a los mensajes que se apoyan, sobre todo, en la novedad, tanto si se refieren al producto de forma global, como a un accesorio particular. Lo que cuenta es que se trate de algo nuevo, innovador y que represente una superación de lo que existía hasta este momento.

En el ejemplo de los invitados A y B apreciamos que mientras A acepta la invitación por deber, al asumir los mecanismos de la necesidad, acepta también los de la huida. El invitado B, mientras se deja guiar por el mecanismo de la posibilidad, al explorar nuevas oportunidades, se deja llevar también por el mecanismo de la aproximación.

Todo ello nos demuestra cómo las dinámicas propias del comportamiento son complejas y están relacionadas entre sí, como una especie de muñeca rusa o matriuska.

Por lo que se refiere a la comunicación, tal situación pone las cosas más fáciles, desde el momento que basta sintonizar con uno sólo de los mecanismos que conseguimos conocer.

Tomemos de nuevo el ejemplo del fin de semana en la montaña.

Ahora, resulta ya claro que para convencer a quien se ve motivado por la necesidad, tendremos más probalidades de éxito proponiendo: «Con la polución que nos asedia en la ciudad, es una necesidad, y casi una obligación para el cuidado de la salud, ir a la montaña, sobre todo si se tienen niños, que están más fácilmente expuestos a los riesgos de las enfermedades broncopulmonares» (se sobreentiende que nos sentimos responsables de la salud de nuestros hijos).

Para convencer a quienes se mueven por la necesidad es eficaz insistir en el sentido del deber y en la responsabilidad que se tiene en la prevención de los peligros de la salud.

Sin embargo, para convencer a los que motivan su comportamiento sobre la posibilidad, la estrategia mas eficaz sera la que considere las oportunidades de aventura que la montaña puede ofrecer.

Las frases que tendrán un alto valor de convicción serán de este tipo: «Vayamos a la montaña este fin de semana y tendremos la posibilidad de descubrir nuevas rutas y caminos que todavía no ha pisado nadie y, al mismo tiempo, podremos explorar algunas cavernas que no hemos visto hasta ahora».

Algunas consideraciones

Los mecanismos que determinan el comportamiento de las personas son numerosos, y algunos de ellos muy complejos. El tema de la motivación y del comportamiento tiene en cuenta otras numerosas variables de carácter social, cultural e incluso, si queremos, político. Sería ingenuo y poco eficaz pensar que basta con descubrir algunos mecanismos para conseguir motivar a los otros y que hagan lo que más nos agrada.

Durante los conflictos bélicos había soldados que, habiendo caído prisioneros del enemigo, soportaban las torturas y aceptaban incluso morir, si su carácter de fidelidad a la patria era tan fuerte que no les permitía revelar informaciones y secretos militares: es un caso extremo que confirma que no hay prisión capaz de obligarnos a hacer lo que no queremos.

Todas las estrategias de persuasión son eficaces cuando actúan en áreas carentes de particulares vínculos y convicciones. Pensemos, sencillamente, en los mecanismos de persuasión que utiliza la publicidad. Algunos son muy sofisticados. Pero no hay anuncio capaz de obligarnos a beber una cerveza si realmente no queremos, o a comprar un dentífrico que no nos satisface, o a adquirir un automóvil que no nos agrada.

Ya hemos afirmado que la persuasión, para ser eficaz, ha de ser «egológica», es decir, ha de tener en cuenta las dinámicas y necesidades profundas del ser humano y, al mismo tiempo, respetarlas.

Puedo convencer a un cliente de comprar un coche en lugar de otro si me enfrento a él con buena fe, es decir, si me intereso más por sus intereses que por los míos. Esta es la diferencia entre la relación con el comprador y la relación con el cliente: el comprador establece con nosotros relaciones de negocios una sola vez, quizá, pero el cliente mantiene sus relaciones a lo largo del tiempo.

Para transformar a un comprador en cliente no hay más que un medio: la corrección y la seriedad profesional. La relación con el cliente se construye poco a poco y con tiempo, y lleva consigo también implicaciones de carácter emotivo y humano. No es una casualidad hablar de un «cliente de la casa» o de una «clientela de confianza».

Hoy en día, el término *cliente* tiene connotaciones negativas, sobre todo, a causa del triste fenómeno de las clientelas políticas. En realidad, el término *cliente* deriva del latín *cliens-clientis,* que significa la persona protegida que actúa a la sombra de su protector, llamado *patronus.* El cliente era quien aceptaba la protección de un personaje influyente y poderoso a cambio de servicios que prestaba.

En este contexto, nos referimos a la acepción más comercial o, si queremos, más moderna y menos política del término *cliente.*

Un «cliente de la casa» o una «clientela de confianza» se crean a través de un cuidadoso y correcto análisis de las necesidades y la oferta de bienes de consumo o servicios que estén en perfecta sintonía con las exigencias reales que se han de satisfacer de una manera correcta y profesional.

Una relación positiva y productiva crea, con el tiempo, otras relaciones positivas y constructivas, que a su vez originan importantes posibilidades de crecimiento y desarrollo.

COMUNICAR
CON EL GRUPO

Las cuatro fases
para atraer la atención y el interés

Las interacciones en un grupo de personas responden, en parte, a los mismos mecanismos que las relaciones a dos, examinadas hasta el momento; y, en parte, a dinámicas más específicas que examinaremos a continuación.

Cuando hemos de comunicar un mensaje a un grupo o a un aforo de personas, es conveniente preparar un esquema con los argumentos más importantes y deben tenerse en cuenta unos pasos, que definimos como las fases del proceso de la relación.

Fase inicial. Esta fase contiene, como las otras que veremos a continuación, una pregunta escondida.

La pregunta está escondida porque, precisamente, son los oyentes quienes se la han de plantear. Naturalmente, no hay garantías de que esto suceda realmente, pero, en cierto sentido, hemos de dar por supuesto que nuestros oyentes se plantean la pregunta en serio.

Esta estratagema nos permitirá acercarnos a las necesidades de los oyentes y nos hará más agradables e inmediatos en el proceso de comunicación.

La pregunta escondida, no planteada directamente, pero sí de forma latente, es la siguiente: «¿Quién es este y qué pretende de mí?». La fase inicial ha de comenzarse, pues, con la autopresentación y la explicación de los motivos de la intervención.

«Buenos días, me llamo Juan González, y soy un experto en... Hoy trataremos sobre...».

Con tal introducción, la fase inicial queda resuelta.

La segunda parte consiste en la creación de una frase con efecto, si es posible irónica, capaz de atraer la atención de los oyentes.

Fase de conexión. Es necesario crear una unión con la primera fase y, en particular, entre la frase con efecto y el núcleo del mensaje que se ha de transmitir.

El objetivo de conectar las dos fases es que el auditorio se sienta protagonista. Quien nos escucha ha de sentirse identificado con todo cuanto se ha dicho en el inicio.

También hay una pregunta escondida en esta segunda fase: «¿Qué interés tengo yo en todo cuanto me están diciendo?».

Para que el auditorio pueda responder a esta petición de identificación de forma positiva, es necesario poner en evidencia las ventajas que los oyentes pueden sacar escuchando al ponente: la ventaja del oyente activa el consenso y estimula la atención.

Fase de la ejemplificación. Hemos creado la frase con intención y hemos respondido a la primera pregunta escondida.

Hemos unido la frase intencionada con los sentimientos de los oyentes, y respondido a su segunda pregunta escondida.

Entramos ahora en la tercera fase, con la presentación de ejemplos que hagan claro y comprensible el contenido fundamental de la exposición.

La pregunta oculta en esta tercera fase es la siguiente: «¿Por qué no nos pone un ejemplo?».

Fase de conclusión. Se define por la exhortación a la acción; se trata ahora de traducir los conceptos en comportamientos.

Si esta fase no se lleva a cabo con prudencia y delicadeza, se corre el riesgo de anular todo el trabajo antes realizado.

Todos hemos tratado temas bien planteados y bien discutidos, que finalmente han fracasado.

¡Cuántas veces hemos oído: «Con lo bien que había empezado y al final quedó en nada»! Si se concluye la cuarta fase sin la invitación para pasar a la acción, se corre el riesgo de parecer inconcluyentes, y el mensaje transmitido, en consecuencia, parecerá también poco definido. La pregunta escondida en esta última frase puede formularse así: «¿A qué conclusiones quiere llegar ahora?», o: «En concreto, ¿qué se ha de hacer ahora?». Resumamos en una tabla las cuatro fases y sus características.

FASE	PREGUNTA ESCONDIDA	COMPORTAMIENTO
Inicial	¿Quién está hablando y qué pretende de mí?	Enunciar una frase intencionada
Conexión	¿Qué interés tengo yo en lo que está diciendo?	Unir la frase intencionada con lo que puede ser útil para el oyente
Ejemplificación	¿Por qué no pone un ejemplo?	Proponer ejemplos
Conclusión	En concreto, ¿qué se ha de hacer?	Invitación a la acción

EJEMPLO DE COMUNICACIÓN SEGÚN LAS CUATRO FASES

INICIAL (frase intencionada):	«Señores, al final de esta sesión nos convertiremos en delfines».
CONEXIÓN (unir la frase intencionada con la fase 2, respondiendo a la pregunta escondida: «¿Qué me interesa a mí de lo que se está diciendo?»):	«Convirtiéndonos en delfines adquiriremos la posibilidad de comunicar con nuestros semejantes de forma eficaz y constructiva, y encontraremos las soluciones a los problemas que, eventualmente, surjan durante las negociaciones».
EJEMPLIFICACIÓN (poner ejemplos; pregunta escondida: «¿Por qué no pone un ejemplo?»):	«Los delfines son capaces de comunicarse con el hombre y de establecer una relación de entendimiento con él. También pueden dar al hombre la ayuda necesaria para resolver las dificultades que pueden encontrar en alta mar. Hombres y delfines establecen una relación de solidaridad cuyas raíces se encuentran en los inicios de la historia de nuestro planeta».
CONCLUSIÓN (invitación para pasar a la acción; pregunta escondida: «En concreto, ¿qué hemos de hacer?»):	«Señores, sólo les pido que sigan atentos y participen en esta jornada dedicada a la comunicación, ya que cuando finalice, entenderemos mejor a quienes viven a nuestro alrededor, participaremos activamente en su vida y comprenderemos sus necesidades. Seremos capaces de plantear relaciones más constructivas y conseguiremos satisfacer tanto nuestros deseos como los de nuestros semejantes».

A continuación, proponemos un esquema para entrenarnos a hablar a un grupo de personas, según las cuatro fases que acabamos de estudiar. Supongamos que hemos de pronunciar un discurso ante un grupo de personas con intereses comunes; veamos cómo nos podemos comportar en esta ocasión.

Esquema de los argumentos a tratar

Esquema de los puntos más importantes

....

....

....

....

....

....

....

....

....

....

....

....

....

....

....

....

....

....

....

....

....

....

....

....

Fase 1 Inicial:

....

....

....

....

....

....

....

....

....

....

....

....

....

....

....

....

....

....

....

....

....

....

....

....

Fase 2 **Conexión:**

....
....
....
....
....
....
....
....
....
....
....
....
....
....
....
....
....
....
....
....
....
....
....
....
....
....
....
....

Fase 3 **Ejemplificación:**

....
....
....
....
....
....
....
....
....
....
....
....
....
....
....
....
....
....
....
....
....
....
....
....
....

Fase 4 **Conclusión:**

....
....
....
....
....
....
....
....
....
....
....
....
....
....
....
....
....
....
....
....
....
....
....
....
....

Relación y dinámica de grupos

Examinemos algunas de las dinámicas que entran en juego en los grupos, tomando como referencia la teoría sistemática de Bowen.

Murray Bowen, psiquiatra y profesor universitario, es uno de los fundadores de la llamada teoría de los sistemas familiares. Su tratado sobre el funcionamiento de los factores emotivos en el hombre es muy diferente del formulado por sus predecesores. La novedad consiste en que él considera la familia como una «unidad emotiva».

¿Qué tiene que ver una teoría de los sistemas familiares con una reunión de trabajo, un encuentro con grupos de clientes, de hombres de negocios de la competencia o con una reunión de amigos?

La respuesta se encuentra en el hecho de que los mecanismos psicológicos que regulan las relaciones entre los miembros de una familia son los mismos que regulan las relaciones entre los miembros de cualquier grupo humano. Con otras palabras, las dinámicas que regulan los mecanismos emotivos de la familia pueden trasladarse a grupos de otras tipologías. Es cierto que en una reunión de trabajo no existe la figura de los padres, los abuelos, los hermanos, etc., pero existe un jefe que simbólicamente representa la figura paterna, existen los compañeros de trabajo que pueden representar el papel de los hermanos.

Recordemos que, en el nivel simbólico, la realidad objetiva es poco importante y lo que cuenta es la subjetiva, es decir, no es importante lo que es, sino lo que en realidad se cree que es.

Aun cuando sabemos que el director general no es nuestro padre, podemos proyectar en él los mismos sentimientos de frustración y sometimiento, o de estima y admiración, que hemos experimentado en las relaciones con nuestro padre.

La proyección de la figura paterna se reactualiza cada vez que tenemos relaciones con una figura que representa para nosotros la autoridad. Este puede ser un profesor, el jefe de departamento, el rector de la universidad, un juez, un director de empresa, el párroco, el obispo o cualquier otra persona que, para nosotros, sea importante.

Si en nuestra infancia, la relación con nuestro padre o, en caso de su ausencia física o moral, con cualquiera que haya sustituido sus funciones, ha sido positiva y constructiva, las relaciones que tendremos, siendo ya adultos, con las figuras que representan la autoridad serán también, probablemente, serenas y constructivas.

Si, por el contrario, la relación con el padre ha sido conflictiva y ha creado inseguridad y temor, es probable que después tengamos dificultades en las relaciones con la autoridad.

La teoría de los sistemas considera la familia como un conjunto de relaciones interdependientes. Ello significa que cada uno de los sujetos no es considerado como una entidad psicológica autónoma, sino como entidades influidas por los pensamientos, sentimientos y comportamientos de toda la familia.

Para simplificar el argumento, podemos decir que tanto en la unidad familiar como en un grupo de trabajo dentro de una empresa, Fulano no es considerado como una persona independiente, con su carácter y su propio comportamiento, sino como el resultado de la influencia del carácter y comportamiento de Zutano y de Mengano.

Si consideramos nuestras experiencias pasadas, podemos recordar cómo en ciertos grupos y con algunas personas nos hemos sentido completamente a gusto y hemos dado lo mejor de nosotros mismos, y con otros grupos y otras personas la situación nos ha llevado a ser torpes e incapaces de administrar nuestros propios recursos personales. Los comportamientos y actitudes básicas del grupo condicionaban, en determinados aspectos, nuestra forma personal de actuar.

Si se conocen bien los mecanismos y las dinámicas que regulan las relaciones entre los diversos miembros de un grupo, se podrán resolver situaciones incómodas y desagradables.

Cuando hablamos de un grupo como sistema, entendemos el conjunto de elementos, coordinados entre sí, de modo que constituyen un único complejo sujeto a determinadas reglas.

La primera consecuencia de todo ello es que si se actúa sobre uno solo de los elementos del grupo, se influye también en los demás.

Un ejemplo concreto de sistema nos lo ofrece el funcionamiento del organismo humano.

El hombre posee el cerebro, que actúa interrelacionalmente con el corazón, el hígado, los pulmones, el intestino, el páncreas, etc. A su vez, estos órganos, corazón, hígado, pulmones, intestino, páncreas, etc., actúan de forma interrelacional entre sí. Si cualquiera de estos órganos sufre una alteración en sus funciones, los demás órganos y todo el organismo en general se ven afectados por ella. Si un órgano enferma, enferman todos los demás.

Cuando un médico, tras haber visitado a un paciente, diagnostica, llega a la causa de la patología real a partir de un síntoma.

Por ejemplo, un edema pulmonar, en el que se da un aumento del líquido intersticial con la consecuente inflamación pulmonar, se produce como consecuencia de un mal funcionamiento del corazón. En la práctica, el paciente que sufre un edema pulmonar respira fatigosamente a causa de su corazón, que no funciona correctamente. Esto es sólo un ejemplo de cómo la alteración de uno de los elementos del sistema que es el organismo humano, en este caso el corazón, influye en otro órgano del sistema, es decir, en los pulmones.

En los grupos se da un proceso análogo. Si en una reunión de trabajo se da un comportamiento polémico o hipercompetitivo en uno de los participantes, se ha de considerar su modo de actuar como el resultado del «funcionamiento» y de la influencia del resto del grupo.

Igual que cuando el médico diagnostica un edema pulmonar llega a la patología cardiaca, el portavoz de un grupo, a partir del comportamiento de un elemento, llega a la «economía emotiva» del grupo.

Un proyecto que se presente, en una reunión, con arrogancia o prepotencia puede provocar, por reacción, actitudes competitivas en algunos de los participantes que motivarán en el portavoz del grupo, también como reacción, a reforzar su propia forma de actuar.

En estos momentos, el portavoz y el grupo se influyen mutuamente de una forma negativa, convirtiéndose ambos en prisioneros emotivos de sus propias dinámicas relacionales.

Un dirigente dubitativo sobre los resultados de un trabajo delicado influirá en su equipo generando ansiedad, y este manifestará comportamientos indecisos, convirtiéndose en personas titubeantes. Todo ello reforzará la ansiedad del dirigente que, a su vez, la proyectará de una forma más marcada sobre sus colaboradores.

Una vez establecidos estos círculos viciosos, empañan la lucidez en el trabajo y hacen difícil la búsqueda de soluciones.

En todo grupo de trabajo, aun siendo distintas las personalidades de sus componentes, se refuerzan los esquemas de relación.

Dinámicas afectivas en el grupo

Deseo e identificación

La afectividad es muy importante en las relaciones grupales.

Entre las personas, las relaciones están, se quiera o no, reguladas por la afectividad. Por *afectividad* entendemos una dimensión humana que afecta a las esferas más profundas del ser.

Según Freud, dos dinámicas simétricas regulan la afectividad. En las relaciones humanas se han de tener siempre en cuenta el deseo y la identificación. La identificación, como ya hemos visto, es el mecanismo psicológico que nos lleva a amar a quien es tal y como nosotros queremos ser, hasta el punto de hacernos creer que aquella es la persona que nos agrada. Recordemos el comportamiento de muchos adolescentes que visten o hablan como los personajes que han idealizado. Tal actitud está también presente en los adultos, si bien de forma menos evidente. Cuanto más numerosos son los rasgos comunes con el líder, tanto más fuerte es la dependencia afectiva. El deseo se orienta a la posesión de lo que se ama, mientras que en el proceso de identificación se pretende ser la persona amada.

En la dinámica del deseo se desea tener a la persona amada: los preferidos son invitados a comidas oficiales, a debates, inauguraciones y a todas las circunstancias que ofrezcan la posibilidad de estar junto al personaje amado, mientras que en la identificación se tiende a ser como la persona idealizada, por lo que se asumen sus gestos, hablamos como ella habla y asumimos sus propios mecanismos de comportamiento y sus propias actitudes mentales.

Freud estaba convencido de que estos dos mecanismos eran muy importantes en la economía que gobierna las relaciones grupales, tanto en un grupo espontáneo, ya sea una multitud, como en un grupo organizado, ya sea el Ejército, la Iglesia o una empresa.

El líder o jefe reconocido se convierte en objeto de deseo. La palabra *objeto*, en este contexto, se ha de interpretar como «objetivo».

Por ello, todo individuo que desempeñe la función de directivo de una empresa se convierte en objeto de deseo e identificación para los empleados. Lo mismo se puede decir del jefe carismático de otro tipo de agrupación, incluyendo el grupo de amigos. Entre los motivos que unen a los miembros de un grupo, cuenta la común relación afectiva hacia el jefe. Si pensamos en los fans de un club, nos damos cuenta de cómo la identificación con el líder une a personas de distintos credos políticos y muy diversas condiciones sociales.

La psicoanalista M. Klein, al tratar la afectividad de los colectivos, destaca la ambivalencia de los afectos, es decir, el hecho de que la misma persona, sea un jefe jerárquico o carismático o el mismo grupo de personas, puede verse, a la vez, como buena o como mala.

Esta situación puede representar la repetición de una relación de ambivalencia que vive el niño frente a su madre. El niño desarrolla hacia su madre sentimientos de amor a cambio de los cuidados que ella le prodiga y, simultáneamente, sentimientos de odio por las privaciones que estos cuidados le procuran. Los mismos brazos que lo acunan amorosamente, lo abandonan después, dejándolo solo.

Esta ambivalencia de sentimientos, amor y odio, se proyecta en el líder, que es amado porque es pródigo de cuidados que, en la empresa, se traducen en los reconocimientos por el buen trabajo desarrollado, pero es odiado por la falta de reconocimientos o por las amonestaciones recibidas a causa de un trabajo mal hecho.

Todos sabemos que al tratar bien a los demás resultamos agradables y, al contrario, al tratarlos mal resultamos desagradables. En esta aparente intrascendencia se esconde un complejo mecanismo afectivo, algo que tiene raíces ancestrales y está, por ello, profundamente anclado en las personas. Cuando un empleado ataca a su jefe de forma continuada y obsesiva, y entra en una polémica con argumentos carentes de lógica, probablemente esta persona se ve envuelta en una relación afectiva conflictiva que, a partir de los comportamientos de su jefe, le recuerda los comportamientos de la figura paterna, que fueron para él una fuente de sufrimientos. En este caso, no es el jefe quien crea los sufrimientos, sino lo que el jefe evoca y recuerda en el mundo afectivo de este empleado.

En estos casos, continuar la discusión para buscar una solución lógica resultará poco útil y prácticamente nada productivo. Lo que en el fondo se ha de recuperar es la relación afectiva.

El estudioso D. Anzieu defiende la existencia de un paralelismo entre el grupo y el sueño: del mismo modo que en los sueños satisfacemos los deseos que han quedado insatisfechos en la vida cotidiana, transferimos también al grupo las insatisfacciones de la vida.

El grupo se convierte en un modo de compensación. Encontramos un ejemplo de ello en la constitución de clubes, asociaciones o, incluso, sectas secretas. Los dirigentes de estos colectivos son, a veces, individuos que gozan de poder y de prestigio en su vida profesional, pero que frecuentemente en su ámbito laboral no han tenido la posibilidad de realizarse según sus aspiraciones, y en los clubes o asociaciones encuentran la función compensatoria que les satisface.

Es necesario reconocer el mecanismo de compensación y saber cuándo el grupo de trabajo se vive como una compensación de carencias familiares; en estos casos, la comunicación ha de tener en cuenta la emotividad de los participantes. Es necesario tener presente que los argumentos lógicos y las propuestas son, frecuentemente, máscaras que esconden problemas emotivos o relacionales.

Triangulaciones

Bowen habla de las triangulaciones como uno de los mecanismos que regulan el funcionamiento de los grupos. Los componentes de un grupo entran en una dinámica de interdependencias de alianza o de exclusión que puede representarse con un esquema triangular.

Pongamos un ejemplo: en un grupo de trabajo, tres personas, A, B y C, entran en relación mutua según esta dinámica.

A y B establecen una relación profesional de colaboración haciendo que C se sienta como excluido, por las cosas que se tratan.

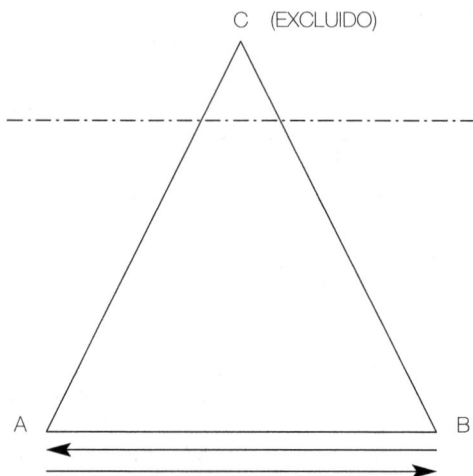

C   (EXCLUIDO)

A   B

C reacciona con comportamientos polémicos y agresivos hacia los compañeros A y B.

Uno de los dos aliados, A, intenta recuperar la relación con C, interesándose por sus argumentos y proyectos de trabajo.

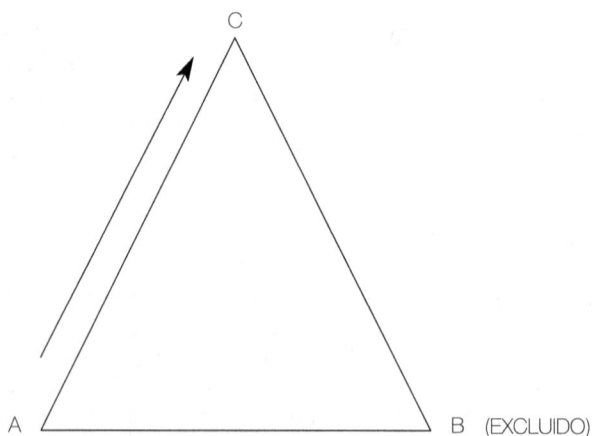

C

A   B   (EXCLUIDO)

B, al sentirse ahora excluido de la relación entre A y C, reaccionará haciéndose particularmente atento a las necesidades de C.

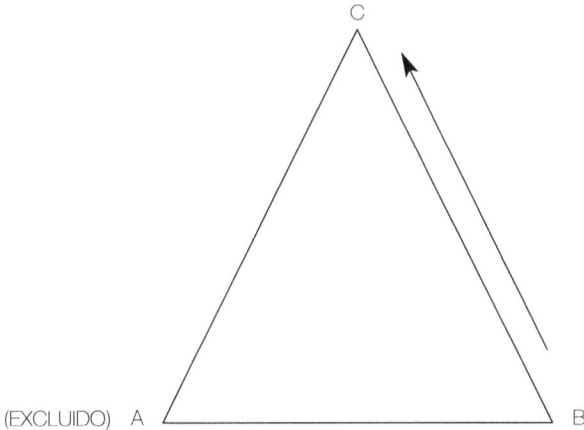

Ahora A se siente excluido de la relación entre B y C y comienza a criticar a B, quien, a su vez, responde con agresión verbal a A.

Las alianzas pueden cambiar durante una conversación. Con frecuencia nos sorprenden los cambios repentinos de otras personas. En estos momentos pensamos: «Nunca me habría esperado esto»; o bien: «No me lo explico. Parecía estar de acuerdo en todo y, de repente, ha cambiado de idea».

Estas alianzas cambiantes en las últimas fases de las negociaciones se definen con el nombre de «giros repentinos». En la base de estos cambios se encuentran, a veces, factores políticos, pero lo que más suele influir son las presiones de tipo psicológico. Cuando en un nivel lógico se han examinado todas las posibles «presiones» y no se consigue encontrar las razones de cambios repentinos, el origen hay que situarlo probablemente en motivos de carácter psicológico.

Si el portavoz A ha establecido una alianza emotiva con el oyente B, excluyendo a C, y si B intenta recuperar la relación con C, el portavoz A tendrá que identificar, a la hora de comunicar, esta nueva alianza y manifestar el comportamiento consecuente, a no ser que se arriesgue a que sus propuestas caigan en el vacío por causa de los nuevos aliados. La triangulación puede darse entre tres personas o entre tres grupos de individuos.

```
        1   2
        3   4
```

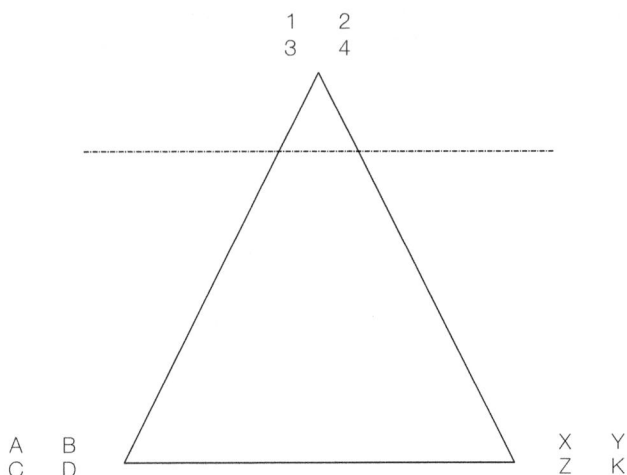

A B C D pueden crear como grupo una alianza con el grupo X Y Z K, excluyendo, a su vez, al grupo formado por 1 2 3 4.

Las triangulaciones se hacen evidentes, a veces, a través del proceso comunicativo verbal. Por ejemplo: A dice a B que C le trata mal y que, por ello, como amigo o aliado él mismo, B ha de tratar mal a C.

En la práctica, se desencadena un proceso que se expresa como sigue: «Mis enemigos han de ser también enemigos de mis amigos».

La triangulación puede también activarse con comunicaciones no verbales, a través de expresiones de la cara, gestos, etc.

El portavoz, o el líder en cuanto comunicador, ha de realizar la tarea de gestionar y llevar a cabo lo que podríamos denominar como una *destriangulación*, que consiste en el hecho de reconocer las modalidades que los participantes de la reunión utilizan para construir y poner en funcionamiento las triangulaciones.

El papel del portavoz exige una primera fase en la que ha de restaurar la paz entre los colaboradores que han dado origen al triángulo.

El líder ha de intervenir desde fuera del triángulo y con una neutralidad emotiva, antes que lógica.

Aclarar los puntos conflictivos de una relación desde el punto de vista de las argumentaciones lógicas sirve para muy poco, si antes no se resuelven las tensiones emotivas.

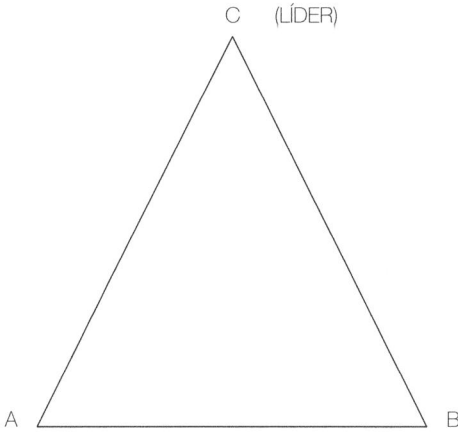

C   (LÍDER)

A   B

Roca y Sánchez se alían contra García

Si queremos hacer un trabajo de calidad, necesitamos
mucho más tiempo.

Yo creo que tres
meses es más
que suficiente.

El proyecto ha de estar
terminado dentro de
tres meses.

García

Martínez   Casal

Sánchez

Roca

Ros

Roca y Sánchez comienzan a polemizar con García
para defender sus respectivas opiniones

García, al sentirse aislado, comienza a polemizar hablando
de forma incontrolada y con gran verborrea

Alguno incluso alza la voz y otros miembros del grupo intervienen
tomando partido por Roca y Sánchez, y otros por García.
El portavoz se encuentra en dificultades.

Bla… bla… bla…
bla… bla… bla…

Bla… bla… bla…
bla… bla… bla…

Yo estoy de
acuerdo con Roca

Bla… bla… bla…
bla… bla… bla…

García   Martínez   Casal

Sánchez

Roca

Ros

García tiene
razón

García, creo que usted es particularmente sensible, y con toda la razón, a un trabajo de calidad

Roca

García

Martínez

Casal

Sánchez

Ros

Roca y Sánchez, es admirable el
hecho de que intenten planificar
con seriedad los ritmos de trabajo

García

Martínez   Casal

Sánchez

Roca

Ros

Intentemos ver cómo coordinamos nuestros esfuerzos para intentar cumplir el objetivo en un tiempo oportuno y respetando absolutamente la calidad de trabajo

García

Martínez   Casal

Sánchez

Roca

Ros

La formación del chivo expiatorio

Otro mecanismo, muy importante, que actúa dentro de los grupos es el que podemos definir como *la formación del chivo expiatorio*.

El chivo expiatorio tiene una función de equilibrio muy delicada que, frecuentemente, se constituye en una especie de lazo de unión y cohesión interna del grupo.

Lo que lleva al origen y formación de esta dinámica es la coalición de algunas personas frente a un único individuo que se convierte, a pesar suyo y, frecuentemente, sin saberlo, en la pantalla sobre la que se proyectan y se descargan todas las agresividades, todos los malos humores y los rencores presentes en el grupo.

El chivo expiatorio «elegido», una vez constituido, tiene pocas posibilidades de evitar su propio papel, ya que él es una función de la supervivencia misma del grupo.

En una familia existe un hijo con dificultades en los estudios y es una fuente de preocupaciones para los padres. Esta situación puede convertirse en un punto de unión y de diálogo para los padres mismos que, sin este problema, no habrían tenido, probablemente, ocasión de confrontar sus puntos de vista. Cuando el muchacho supera su problema, o bien se convierte en adulto y abandona la casa paterna, puede originarse un prolongado silencio entre los padres y, quizá, una incomunicación general, ya que estos no tienen como objetivo común resolver las dificultades que les presentaba el hijo.

El hecho de tener que afrontar juntos ciertas dificultades aumenta la cohesión entre las personas. Cuando el problema se resuelve, pueden encontrarse ante un vacío psicológico que, a veces, se llena con nuevas preocupaciones o nuevos motivos de compromiso común.

En una familia, los padres se lamentan del mal aprovechamiento que el hijo tiene en sus estudios. Este, además, se pasa las tardes escuchando la música de sus estrellas de *rock* preferidas.

«¿Tú crees que así aprobarás el curso?», le pregunta su madre.

«Serás siempre tan gandul como ahora», añade el padre.

El estudiante deja que hablen, pero continúa con sus costumbres.

«El problema es que los jóvenes de hoy tienen una vida demasiado fácil», comenta el marido a su mujer.

«Quizá podríamos intentar que recibiera clases particulares», añade la madre. Y la discusión continúa sobre unas pautas que más o menos se pueden imaginar con relativa exactitud.

En un determinado momento, cambian las dinámicas psicológicas del muchacho y este «sienta la cabeza», como se suele decir en estas ocasiones.

El padre y la madre son felices. Sin embargo, a esta serenidad que acaban de conseguir le sigue, extrañamente, el vacío.

Estos padres habían organizado su vida en función de la vida del hijo y sobre sus dificultades. Una vez que estas han desaparecido, es probable que también se desvanezca la función de cohesión que el joven desempeñaba frente a las relaciones de la pareja.

En esta familia, el hijo se había convertido en el chivo expiatorio, el «contenedor ecológico» de las tensiones de los padres.

Puede instaurarse el silencio entre ambos cónyuges y, quizá, la incomunicación, ya que ahora no tienen en común el objetivo de resolver las dificultades del hijo

Naturalmente, no todos los padres que se preocupan por los resultados de los estudios de sus hijos se sirven de estos como el punto de equilibrio de las relaciones de la pareja. La dinámica del chivo expiatorio es compleja y se ha de examinar con atención, evitando análisis superficiales y conclusiones desafortunadas y descuidadas.

En los grupos de trabajo, el chivo expiatorio realiza también la función de «contenedor ecológico» de las tensiones. Los conflictos latentes de un grupo pueden alejarse gracias al chivo expiatorio.

Si esto sucede, el grupo, que fundamenta su cohesión propia sobre un elemento externo, el chivo expiatorio, se convierte, en realidad, dependiente de él y, por decirlo de alguna manera, se siente obligado a mantenerlo para su propia economía interna.

En la práctica, una vez que el chivo expiatorio ha sido designado, los miembros del grupo ejercerán una serie de comportamientos en contra de él y los mantendrán, precisamente, porque esta figura es útil y vital para su propia unidad.

Existen dos modalidades diferentes de creación del chivo expiatorio:

— el chivo expiatorio dentro del grupo;
— el chivo expiatorio fuera del grupo o enemigo exterior.

El chivo expiatorio dentro del grupo. Entre las dinámicas «patológicas» que distorsionan la armonía del grupo y obligan a este a designar un chivo expiatorio, se pueden identificar tres fases; el hecho de conocer este proceso puede ser de gran utilidad.

Primera fase: en el grupo nacen las primeras tensiones; sin embargo, el sentido de unidad se mantiene mientras no se manifiesten los roces y las distintas formas de agresividad.

Segunda fase: se comienza a crear una especie de ruptura invisible e imperceptible. Las tensiones comienzan a ser ya ingobernables y empiezan a manifestarse las primeras formas de agresividad.

Las manifestaciones agresivas se dirigen a una sola persona, que, de hecho, es demonizada y sobre ella se hace recaer el peso de todas las responsabilidades.

Tercera fase: la víctima, el chivo expiatorio, ya ha sido designado: ahora, el desafortunado protagonista sólo tiene dos alternativas.

La primera supone tomar conciencia de todo lo que ha sucedido a pesar suyo, y, por ello, rechazar el tipo de relación a la que se ve sometido. Todo ello tiene como consecuencia la expulsión efectiva del grupo. El grupo, una vez expulsada la víctima, entrará en crisis porque carece ahora del elemento de cohesión que lo unía. Surge entonces la necesidad de crear un nuevo chivo expiatorio.

La otra posibilidad de la víctima es aceptar las reglas del juego, impuestas sin su consentimiento y sin su conocimiento. El grupo está ya a salvo. El mismo grupo se guarda mucho de expulsar a la pobre víctima, que ahora se ha convertido en un valioso mecanismo de regulación de las tensiones. Pero si el grupo, por su parte, ha encontrado un equilibrio real, ¿qué se puede decir del chivo expiatorio?

Esta solución es «patológica», porque si el equilibrio existe, es muy precario. El líder ha de restablecer una armonía más «sana» y «ecológica», proponiendo soluciones que tengan en cuenta las necesidades y los valores de los distintos componentes del sistema-grupo, con los intrumentos que hasta ahora hemos analizado.

Primera fase: en el grupo nacen las primeras tensiones

Segunda fase: aparecen las primeras agresividades y se centran
on una sola persona

Tercera fase: el chivo expiatorio ya ha sido designado, y el infeliz tiene
dos alternativas: *a*) rechazar el papel de víctima y dejar que lo echen
del grupo; *b*) permanecer y aceptar el papel de víctima, inmolándose
por la cohesión del grupo

El chivo expiatorio fuera del grupo o enemigo exterior. En la dinámica que acabamos de examinar, el chivo expiatorio era un individuo que, por una razón u otra, había sido designado para recoger, como un pararrayos, las tensiones del grupo, pero siempre seguía siendo reconocido como un miembro que formaba parte del grupo.

En la dinámica del chivo expiatorio fuera del grupo, o enemigo exterior, la persona designada no pertenece al grupo.

En este caso se puede tratar de un único elemento externo o de otro grupo completo y constituido. En el caso de las rivalidades deportivas, por ejemplo, el chivo expiatorio es frecuentemente un grupo, identificado en el equipo rival. Supongamos el momento en que faltan unos cuantos minutos para que comience un partido.

El entrenador del equipo de fútbol dice a sus jugadores:

«Esos inútiles no nos dan miedo, somos mucho más fuertes que ellos. Nos han humillado en el partido de ida, pero ahora ha llegado el momento de la revancha».

El enemigo, el equipo rival, es exterior, es algo ajeno que se ha de vencer. El enemigo no ha humillado a un pobre defensa que fue burlado en el partido anterior, sino a todo el equipo.

La humillación es una amenaza inaceptable que ofende el amor propio y, por ello, deben formar una coalición emotiva que defienda tanto su dignidad individual como de grupo. El problema del grupo es el problema de cada uno de sus miembros, y viceversa.

En el ámbito laboral sucede algo semejante. Si la competencia ha tenido un éxito mayor, el orgullo profesional se siente herido y uno se imagina a la competencia riendo de satisfacción y autofelicitándose por los triunfos a costa de los vencidos. Es necesario reparar esta humillación, uniendo las energías y recuperando la credibilidad perdida. El grupo se reconoce ahora como una unidad que tiene en común el mismo objetivo. Se desvanecen los antiguos sinsabores y nace una nueva solidaridad y una nueva capacidad productiva.

El enemigo externo, la competencia, es un «lazo de unión» emotivo de gran eficacia para crear espíritu de grupo y motivar la adquisición de los objetivos y resultados proyectados.

Cualquier divergencia interna se le atribuye al chivo expiatorio exterior. Si algo no funciona, no es culpa del grupo, que se siente unido, sino del enemigo externo que crea dificultades y pone obstáculos, tal vez porque se supone que actúa con una escasa ética profesional.

No se dan dudas ni titubeos ahora en el grupo. Cuanto más dura es la lucha, tanto más unido y fuerte se siente. La cohesión es perfecta. La comunicación y el entendimiento son óptimos.

Esos inútiles no nos dan ningún miedo. Nosotros somos mucho mejores. En el partido de ida nos han humillado, pero ahora es el momento de la revancha

Esta dinámica es, indudablemente, productiva a corto plazo.

Ahora, con tanta motivación y con tal cantidad de energía desarrollada, se consiguen los niveles óptimos y la victoria, pero después...

Una vez conseguida la victoria y vencido el enemigo, se pierde el punto de referencia y el motivo de la unión. Tras gozar los merecidos triunfos e intercambiar recíprocamente las felicitaciones, es necesario reorganizar de nuevo las propias fuerzas y todos los recursos.

Llegados a este momento, o se encuentra otro enemigo exterior o la agresividad se gira sobre el propio grupo y lleva a la formación del chivo expiatorio interno. De nuevo, nos damos cuenta de cómo la administración de un conjunto de personas, basada en la dinámica del chivo expiatorio, es realmente precaria y cómo el depender de este mecanismo hace prever futuros inciertos.

Las «patologías» que minan las relaciones en los grupos no se reducen a las triangulaciones y a la formación del chivo expiatorio, interno o externo, pero el conocimiento y dominio prudente de estas dos formas es una válida ayuda para quienes se encuentran en la situación de administrar los conjuntos y sistemas de personas.

Las etapas evolutivas del grupo

En la gestión de los grupos, es importante tener presente el proceso de su evolución y cuáles son las etapas que atraviesan.

Primera etapa: el grupo en formación

Esta primera fase se caracteriza por modalidades de relación en el grupo muy claramente definidas.

Para decidir las estrategias de acción a seguir hay que observar estas modalidades. La interacción entre los componentes del grupo se caracteriza por una fuerte tendencia a la competición, por un fuerte individualismo y por la creación de pequeños grupos, con un escaso sentido de pertenencia.

GRUPO EN FORMACIÓN

ORGANIZACIÓN DE LAS RELACIONES DENTRO DEL GRUPO

- Fuerte tendencia a la competición.
- Fuerte individualismo.
- Creación de pequeños grupos.
- Escaso sentido de pertenencia.
- Tendencia a la autoexclusión.

RELACIONES DISTORSIONADAS

- Exigencia para crear un chivo expiatorio.
- Identificación del enemigo externo.
- Lucha incontrolada para ser el mejor.
- Falta de una perspectiva de grupo.
- Agotador estrés de tensiones constantes.

ORGANIZACIÓN DE RELACIONES FRENTE AL PORTAVOZ

- El portavoz se muestra con un aire de ambivalencia.
- Proyección de sentimientos de afecto y de agresividad.
- Necesidad de dependencia y de identificación.
- Sentido de competición para conseguir el liderazgo informal.
- Necesidad de dependencia y de identificación.

Estas premisas son el punto de partida de «patologías» como la designación de un chivo expiatorio o la aparición del síndrome del enemigo exterior, una lucha incontrolada para convertirse en el mejor de los miembros, que origina una evidente falta de «perspectiva de grupo» y un agotador estrés que da lugar a constantes tensiones.

Se experimentan sentimientos de ambivalencia hacia el portavoz. Al ser reconocido, por su competencia, como un líder, se proyectan sobre él, simultáneamente, sentimientos de afecto y de agresividad. Alguno de los componentes del grupo desarrollará frente al líder necesidades de dependencia y de identificación; otro experimentará un sentimiento de competición para conseguir un liderazgo informal y, consecuentemente, querrá ser reconocido como el líder del grupo.

Una estrategia de gestión eficaz en este primer estadio es la indicativa y propositiva. El portavoz ha de planificar inmediatamente los objetivos que se han de conseguir e indicar la meta final. Será conveniente ilustrar claramente las modalidades y los medios que se han de emplear para conseguir los objetivos propuestos y el camino que se ha de seguir para ello. Para hacerlo es necesario explicar cuáles son las etapas que se han de seguir, paso a paso, y cuáles serán las ventajas comunes que se conseguirán al alcanzar la meta.

Las reglas del lenguaje positivo, que se han tratado ya en las primeras páginas de este manual, son, evidentemente, las que, con el mayor sentido de la oportunidad, se han de utilizar en esta fase.

Grupo en formación: individualismo marcado, creación de pequeños grupos, escaso sentido de pertenencia, tendencia a la autoexclusión. El portavoz se ve como una unidad externa al grupo.

Segunda etapa: el grupo en proceso de maduración

Si el portavoz ha sabido administrar bien las dinámicas propias de la primera fase de evolución del grupo, este comenzará su proceso de maduración modificando algunos comportamientos.

El reconocimiento de los cambios de comportamientos en la segunda fase de evolución del grupo es una forma válida de «dirigir», es decir, controlar y observar, las dinámicas de crecimiento grupal.

Los tipos de relación dentro del sistema-grupo se caracterizan por un intercambio de informaciones entre sus componentes. Aun cuando sea posible la existencia de los grupúsculos formados durante la primera fase, empieza a nacer ahora un deseo de cohesión.

El grupo comienza a autopercibirse como tal y comienza un proceso espontáneo de autodefinición de los respectivos papeles, según las competencias específicas que desarrollan.

El portavoz es reconocido como una entidad que forma parte del grupo. Comienza ahora una relación de carácter profesional con él, más lúcida y serena que la simplemente afectiva, que, aunque los

---

EL GRUPO EN PROCESO DE MADURACIÓN

ORGANIZACIÓN DE LAS RELACIONES DENTRO DEL GRUPO

- Comienza el intercambio de informaciones.
- Nace el deseo de cohesión.
- Comienza la autopercepción como grupo.
- Comienza la definición espontánea de funciones, según las competencias específicas de cada uno de los componentes del grupo.

RELACIONES DISTORSIONADAS

- Posibilidad de regresión del grupo a la etapa evolutiva anterior si el portavoz no gestiona bien la etapa actual.
- Lucha, por parte de uno de los miembros, por conseguir el «segundo puesto».
- Tendencia a cuestionar el liderazgo actual si no está bien llevado.

ORGANIZACIÓN DE LAS RELACIONES FRENTE AL PORTAVOZ

- El liderazgo es reconocido sin reservas.
- El portavoz es considerado como un componente del grupo.

implicaría más, crearía tensiones a causa de los sentiminetos de ambivalencia ya examinados.

Esta segunda etapa sigue siendo, de todos modos, delicada desde el punto de vista de la gestión, ya que si el portavoz comete algún error, el grupo retrocede a la fase anterior. Los peligros que acechan al dirigente de las nuevas dinámicas de unión lo representan quienes tienen necesidad de luchar por el segundo puesto.

Una vez que se reconoce al portavoz como el líder del grupo, puede darse que alguien se sienta identificado como el «segundo jefe», es decir, la figura más importante y carismática después del líder.

Si el carisma y la competencia del líder entran en crisis, se da inmediatamente una discusión sobre el actual liderazgo.

El portavoz-líder ha de definir claramente, antes de correr los riesgos que acabamos de describir, los objetivos empresariales, los del grupo y los de cada uno de sus miembros.

Es importante que todos los miembros participen en la elaboración de los objetivos, según las bases empresariales fijadas. En la primera fase, el portavoz ha de demostrar un liderazgo carismático, mostrando, con estilo proposicional, la meta y el modo de alcanzarla. En la segunda fase es necesario que el portavoz ejercite un liderazgo integrador de los recursos profesionales y humanos de los componentes del grupo, creando un sentido de unidad y de autorresponsabilidad en las diversas partes interesadas.

Grupo en proceso de maduración: comienza a autopercibirse como grupo, nace el deseo de cohesión, comienza el intercambio de informaciones. El portavoz es visto como un componente del grupo.

Tercera etapa: el grupo maduro

Llegamos a este momento cuando el portavoz ha gestionado las dos primeras etapas evolutivas del grupo con profesionalidad, eficacia y sensibilidad. La consecuencia positiva de todo ello conduce al grupo hasta la fase de su máxima madurez. Un grupo maduro se reconoce por los comportamientos y dinámicas que siguen.

La primera característica positiva de la modalidad de relaciones es la creación, estructurada y organizada de forma consensuada, de las tareas y responsabilidades que se han de asumir. Los miembros de la unidad-sistema de trabajo se asignan con responsabilidad y consenso las respectivas áreas operativas de competencia. Nace una cohesión armónica, sin dependencia hacia uno u otro de los participantes en el proyecto. Se crea de forma espontánea una alternancia en el papel de codirigente, es decir, se asume el papel de guía según las competencias específicas de cada uno. Si en un determinado momento de los trabajos es necesario afrontar los aspectos fiscales de cierta operación, el experto en temas fiscales será reconocido, por sus competencias profesionales, como guía de la gestión fiscal.

Cuando se deben discutir los aspectos comunicativos del proyecto, será reconocida como voz autorizada, la del experto en estrategias de comunicación, etc. Las formas de relación con el portavoz-líder serán de colaboración serena y productiva.

GRUPO MADURO

ORGANIZACIÓN DE LAS RELACIONES DENTRO DEL GRUPO

- Planificación consensuada de responsabilidades.
- Sentido de cohesión armónico, privado de dependencias recíprocas.
- Papel de codirigente, ejecutado alternativamente.

RELACIONES DISTORSIONADAS

- Síndrome de autosatisfacción.
- Carencia de nuevos estímulos.

ORGANIZACIÓN DE LAS RELACIONES FRENTE AL PORTAVOZ

- Colaboración máxima y productiva.

Sin embargo, aunque se haya llegado a esta etapa de madurez, el grupo no puede dormirse en los laureles. Recordemos que los mecanismos de integración están regidos por dinámicas cambiantes y reacciones frente a lo que represente una alteración del sistema.

Aun cuando el grupo en esta fase «funciona» de forma eficaz, las «patologías» capaces de alterar la armonía y la productividad acechan. Las más agresivas son el síndrome de «autosatisfacción» y la carencia de nuevos estímulos. El síndrome de autosatisfacción llega cuando los objetivos alcanzados han satisfecho las expectativas del grupo, que, ahora, comienza a perder motivación y reduce su capacidad creativa, sacrificando la inventiva, que es una de las funciones más nobles de la mente humana. La carencia de estímulos nuevos se da cuando, por causas de fuerza mayor, el trabajo entra en una fase de repetitividad y estancamiento. La competencia tan productiva por sectores y el papel de codirigente de los componentes del grupo, cuando se hacen rutinarios llevan a la formación de núcleos de poder, que pueden representar el inicio de la regresión del grupo. El portavoz-líder se protege de estos riesgos estimulando al grupo hacia la creatividad, dando indicaciones básicas sobre las directrices empresariales y dejándolo libre para proyectar las modalidades de trabajo más oportunas para conseguir los objetivos propuestos.

Grupo maduro: sentido armónico de cohesión, sin dependencias recíprocas, el papel de codirigente se realiza alternativamente, planificación consensuada de las funciones.
El portavoz es visto en estrecha unidad con el grupo.

La búsqueda del nivel óptimo

Existen diversas estrategias para superar los obstáculos generados por las tensiones del grupo.

Todos nosotros somos, consciente o inconscientemente, conocedores de alguna de estas estrategias. Si alguna vez nos hemos encontrado en una situación similar a las anteriores, recordaremos que nuestra acción ha sido eficaz y ha resuelto los problemas.

Lo primero que se ha de hacer, pues, es analizar paso a paso nuestro modo de actuar a fin de encontrar un modelo de comportamiento eficaz y que se ha de aplicar en cada una de las situaciones de nuestra actividad, en su momento, con las debidas modificaciones impuestas por las circunstancias nuevas en que nos encontremos. Nuestra actividad se ve a menudo condicionada por una especie de circuito obligado, que nos exige repetir de forma automática ciertos comportamientos dictados por un mecanismo de estímulo-respuesta.

Expresiones como: «Cada vez que oigo esta melodía, me conmuevo», o «Cuando te veo con esta expresión, experimento un gran fastidio», etc., son ejemplos del mecanismo estímulo-respuesta. El estímulo, la melodía o determinada expresión del rostro, desencadenan una respuesta que se traduce en conmoción o fastidio.

El porqué de ello tiene complejas raíces y motivaciones que, aunque no analicemos profundamente, deben tenerse en cuenta para comprender que determinados éxitos o fracasos pueden ser, a veces, la respuesta a un estímulo que ignoramos en el nivel de la conciencia.

Si alguien que tiene autoridad sobre nosotros nos trata de la misma forma que alguien de nuestra infancia, al que recordamos con fastidio, puede suceder que nuestro comportamiento molesto o de escasa eficacia no sea más que la respuesta condicionada a un comportamiento «asumido» en un periodo remoto de nuestra vida.

Nuestro «nivel óptimo», o «funcionamiento eficaz», puede ser la expresión de un condicionamiento pasado o reciente. Lo que importa es comprender los «pasos» que se han de dar para utilizar, en cada ocasión, todos los mecanismos que nos pueden ser de utilidad.

Es una acción semejante a la del goleador que, una vez que ha conseguido un gol, revisa el vídeo de su acción para comprender los «pasos» dados para conseguir el tanto. O bien, el boxeador que, una vez terminado el combate, lo contempla para estudiar la técnica que le ha permitido vencer por K.O. a su adversario y, después de este estudio, perfeccionarla, aunque, evidentemente, adaptándola a las distintas situaciones que se le presentarán en los nuevos combates.

En ocasiones nos comportamos de forma brillante y lúcida.

Ser brillantes y lúcidos puede considerarse como un macrocom portamiento compuesto de un conjunto de pasos, como en el ejemplo del goleador lo eran los momentos sucesivos y coordinados de su acción deportiva y que le han permitido conseguir el tanto. Si uno de los «pasos» no fuera correcto, la acción final no habría tenido éxito.

Veamos en el ejemplo siguiente cómo una secuencia de pasos lleva al macrocomportamiento conocido como «hablar con autoridad».

1 Hablamos con propiedad de lenguaje.

2 Administramos nuestra voz y nuestros gestos con autoridad.

3 Respondemos con serenidad y precisión a las preguntas y las objeciones que se nos hacen.

4 De tanto en tanto, decimos expresiones irónicas y agradables.

5 Nos tomamos los momentos precisos para reflexionar y, después, poder responder de forma correcta a una pregunta que nos pide profundizar sobre el tema que estamos tratando.

Si el modo de actuar de uno de nuestros interlocutores actúa sobre nosotros como un estímulo para dar una respuesta condicionada de malestar, y esto produce la alteración y distorsión de uno de los puntos de la secuencia de microcomportamientos, nuestro macrocomportamiento sufre entonces una pérdida de eficacia. Por ejemplo, imaginemos los pasillos de nuestra oficina. Los protagonistas son tres colegas que están hablando del trabajo y en buena armonía.

En un determinado momento uno de los colegas echa en cara a otro que llega siempre tarde y le dice: «¿Estas son horas de llegar?».

La observación, tal como ha sido hecha, recuerda al acusado la figura de su padre, que le reprendía por llegar tarde a cenar.

En este momento se activa el mecanismo estímulo-respuesta. El colega retrasado se molesta y responde con fastidio: «No tengo necesidad de que me digas cómo tengo que comportarme».

La relación ha quedado alterada. El acusador se asombra ante la excesiva reacción de su colega porque no sabe que ha tocado una herida abierta al evocar inconscientemente la infancia del acusado.

Si la relación estímulo-respuesta actúa negativamente cuando no sabemos dominarla, también es verdad que, conociéndola, podremos aprender a utilizarla de forma positiva.

¿Estas son horas de llegar?

La observación hecha, por el modo como se ha pronunciado, hace que el aludido recuerde al padre que lo regañaba cuando llegaba tarde a cenar

Si se reconocen, pues, las reacciones estímulo-respuesta que condicionan nuestro «comportamiento», podemos orientarlas para conseguir fines positivos.

Las modalidades son muy diversas y no existe sólo una que sea infalible. Examinemos ahora una muy sencilla de poner en práctica.

Comencemos buscando un lugar cómodo y tranquilo donde nos podamos relajar, nuestro sillón preferido o la cama. Aislémonos de cualquier molestia y asegurémonos de que durante una media hora no nos molestará nadie.

Si se conocen las técnicas de relajación, como el *training* autógeno, el yoga, la meditación o cualquier otra, es muy útil ponerlas ahora en práctica. Si no se conoce ninguna, basta relajarse escuchando el tema musical preferido, tanto mejor si es sólo instrumental, a un volumen no demasiado alto. Una vez que se ha conseguido un clima de calma y relajación, evoquemos, con los ojos cerrados, algún episodio de nuestra vida en el que hayamos sido eficaces y hayamos tenido un óptimo comportamiento.

Repasemos la escena con los ojos de la mente.

Si se nos representa con gran luminosidad o en penumbra, si está en movimiento como en un filme, o bien estática como una fotografía, si nos reconocemos dentro de la escena o la contemplamos desde fuera, como si fuera proyectada sobre una pantalla.

Recordemos después, siempre en esta escena, si había sonidos en el momento en que la representábamos, y si los había, identifiquemos estos sonidos.

Intentemos recordar, mientras revivimos la escena, si en aquel momento experimentábamos ciertas sensaciones y cuáles eran estas.

Cuando el recuerdo de la escena nos lleva a experimentar agradables sensaciones de bienestar y autosatisfacción, idénticas a las que hemos experimentado al vivir la experiencia de éxito, ha llegado el momento de preguntarnos cómo se organizaban entonces los mecanismos que orientan el comportamiento.

En el momento óptimo ¿estábamos actuando con mecanismos de acercamiento o de fuga? ¿Eran egocentrados o heterocentrados?

Una vez establecidos cuáles eran los mecanismos que guiaban nuestro comportamiento, podemos extraer las correspondientes conclusiones. Si, por ejemplo, en el momento de éxito poníamos en acción un mecanismo de acercamiento heterocentrado, al organizar en el futuro nuestro comportamiento según esta estrategia, tendremos mayores probabilidades de reproducir el estado de ánimo que nos impulsó entonces y que quizá condicionó positivamente nuestro modo de ser productivamente eficaces.

IRONÍA Y SARCASMO EN LA COMUNICACIÓN

Uno de los componentes de las relaciones humanas es la ironía.

Esta particular forma de lenguaje se utiliza con frecuencia, a veces de forma oportuna y, a veces, de manera desafortunada.

En ciertos ámbitos sociales o culturales es el ingrediente básico de la relación.

En algunas ocasiones, una salida irónica sirve para «romper el hielo», crea un clima más amigable, genera simpatías, crea en los asistentes una sonrisa saludable, suaviza la tensión emotiva, facilita los acuerdos y estimula un entendimiento básico «entre líneas», en la medida en que, gracias al doble significado de las expresiones, se convierte en un lenguaje codificado de entendimientos sutiles.

Cuando queremos comunicar algo a alguien sin que los demás comprendan el objeto de la comunicación, el doble significado de la salida irónica nos permite pasar informaciones codificadas, comprensibles sólo para quienes sintonizan con nuestra longitud de onda.

Se pueden transmitir mensajes, riendo y entre bromas, que a un primer nivel pueden tener un significado, y otro, incluso contrario, a un segundo nivel de comunicación.

Pero la ironía, que, por otra parte, es casi una forma de arte y tiene nobles orígenes que encontramos ya en la filosofía de Sócrates, ha de utilizarse con gran finura, pues si no se hace un buen uso de ella, puede provocar efectos contrarios a los deseados.

¿Cuántas veces nos hemos visto obligados a decir: «¿Por qué te molestas?, es una broma». Las salidas irónicas han de ser entendidas, aceptadas, compartidas y han de crear placer y sentido de agrado.

Con frecuencia la ironía se convierte en un instrumento de burla y de ofensa de la dignidad personal; para conseguir una buena comunicación, entendida como posibilidad de crear entendimiento, solidaridad, comprensión recíproca y relaciones constructivas, es necesario evitar con sumo cuidado el uso de la ironía como burla.

En este contexto, hemos de hacer una distinción entre la ironía y el sarcasmo, ya que sus límites son a veces muy difíciles de definir y frecuentemente podemos encontrarnos en la situación de que hemos comenzado a utilizar la ironía en las comunicaciones y nos deslizamos posteriormente hacia el sarcasmo, con consecuencias nada agradables.

El sarcasmo, que etimológicamente significa «hacer una herida», «herir en la carne», origina una comunicación destructiva, incapaz de crear relaciones y es fuente de conflictos.

La ironía es constructiva, sobre todo, si la actitud mental de quien la utiliza es constructiva. Recordemos cómo la utilizaba Sócrates.

La ironía socrática tenía la finalidad de promover el conocimiento. Cuando hacemos uso del lenguaje irónico, con fines productivos, ofrecemos a nuestros interlocutores la posibilidad de ver todos los aspectos de una determinada realidad, sobre todo los que no se consiguen advertir a primera vista.

El descubrimiento intelectual, actividad del ser humano, guiado por la ironía promueve el crecimiento y la evolución.

Ser irónicos nos ayuda a descubrir, en determinadas situaciones, nuevos aspectos, puntos de vista novedosos y, por ello, nuevas soluciones, y todo ello es la actividad más interesante que pueda darse para el crecimiento humano y profesional.

A veces nos esforzamos en la búsqueda de soluciones a problemas específicos porque suponemos que no existen ciertos aspectos que, sin embargo, son fundamentales para encontrar el camino de salida.

La ironía abre la mente, muestra otras caras de la realidad que nos permiten ver la problemática de una forma global, condición necesaria para llegar a iluminar las soluciones de los problemas.

Si observamos el mecanismo productivo de la ironía, podemos caer en la cuenta de que en su base actúa lo que, para entendernos, podemos definir como disociación del hecho o distanciamiento.

Este mecanismo nos permite estar dentro de la realidad, pero situarnos, al mismo tiempo, distanciados de ella, como si la observáramos proyectada sobre una pantalla cinematográfica.

Este es uno de los aspectos más misteriosos de la ironía; si bien vivimos la realidad misma del fenómeno, conseguimos distanciarnos, adquiriendo la capacidad de ver las cosas de forma más lúcida.

La participación en los hechos nos permite mantener una relación de empatía con la realidad, es decir, la identificación con el hecho mismo; el distanciamiento nos ofrece la posibilidad de comprenderlo mejor, ya que nos permite una visión más amplia de los hechos.

La ironía, utilizada como autoironía, es un instrumento importante para la autoformación humana y profesional, porque nos prepara para la autorreflexión y la lectura de nuestra parte más profunda.

La ironía es el resultado de la suma de diversos factores psicológicos, entre los que se encuentra la capacidad de estar en armonía con nosotros mismos y con los demás.

La autoironía nos ayuda a «jugar con nosotros mismos», entendiendo aquí el término *juego* en su significado más amplio y como la capacidad creativa de la persona adulta.

Jugar con uno mismo significa salir de la personal rigidez y gravedad, que a veces están presentes en la personalidad y en el comportamiento del individuo, y que impiden una visión compleja de la realidad examinada y, por tanto, como hemos visto, dificulta la capacidad de encontrar soluciones a los problemas que tenemos delante.

La gravedad de que hablamos, actitud de presuntuosa superioridad, esconde una seguridad en sí misma hipertrófica y compensadora, en realidad, fingida, que nace de profundos complejos de inferioridad, de escasos recursos para la creatividad e incapacidad de resolver los problemas.

También es de poca eficacia la rigidez, frecuentemente confundida con el rigor. El equívoco entre rigidez y rigor hace que las comunicaciones y relaciones personales sean difíciles.

El rigor significa método y seriedad orientados a la consecución de los objetivos y es, por ello, una cualidad dinámica. La rigidez, por el contrario, es una forma de fijación que no toma en consideración las variantes ambientales y es, por lo tanto, una realidad estática.

El rigor es vida y dinamismo, mientras que la rigidez es muerte y estancamiento. La autoironía es un eficaz antídoto contra la aspereza, frecuentemente confundida con la seriedad.

La aspereza es tan sólo una forma de ser exterior y superficial de la seriedad, y mientras esta última, como el rigor, está dirigida a la consecución de un objetivo teniendo en cuenta las circunstancias de la situación, la aspereza, como la rigidez, es inmovilidad, obediencia improductiva y acrítica a normas que, frecuentemente, se deberían interpretar con significados más amplios.

Todos hemos podido constatar, al menos una vez, lo destructivo y, a veces, incluso peligroso, que es un comportamiento que toma de forma exagerada ciertas normas «al pie de la letra», mortificando el buen sentido común y la inteligencia.

Hasta aquí hemos examinado los efectos «terapéuticos» de la ironía. Por ello, permítasenos compararla con las medicinas. De la misma forma que el uso equivocado de un fármaco puede transformar sus efectos curativos en dañosos efectos secundarios o colaterales, la ironía, si está mal utilizada, puede originar también «efectos colaterales» indeseados.

Ya hemos hecho referencia a los imperceptibles límites entre ironía y sarcasmo. Si la ironía es productiva, el sarcasmo es, por el contrario, destructivo e inútil.

La broma presente en la ironía abre de forma cómica a nuevas perspectivas y lleva a la iluminación de los problemas, mientras que esta misma broma, utilizada con sarcasmo, se convierte en una burla que condena sin apelación posible.

En la ironía se ofrece la posibilidad de cambiar mostrando nuevos caminos, con mejores oportunidades respecto a los viejos. En resumen, la ironía ofrece algo. El sarcasmo elimina y nada más. Con el sarcasmo se celebra un proceso que no prevé ningún tipo de absolución. El sarcasmo no ofrece nuevas formas de ver las cosas, ni de resolver los problemas. Quien hace uso habitualmente del sarcasmo no vive con los otros, sino que se aleja de las relaciones, ya que juzga que la colectividad no merece ninguna consideración, sino tan sólo un juicio despreciativo.

El comportamiento sarcástico puede enmascarar sentidos de inferioridad en quien hace abuso de él, ya que da al protagonista la posibilidad de «humillar» a los otros y, por contraste psicológico, sentirse él «más alto».

Sin necesidad de hacer un uso abusivo del psicoanálisis, se puede intuir fácilmente que estos comportamientos son, a la larga, muy poco «ecológicos» y pueden favorecer la aparición de rasgos neuróticos, de una crónica desconfianza frente a todo y contra todos y de una agresividad indiscriminada.

El estado mental positivo de la ironía, en cambio, crea posibilidades mayores de interrelación serena, equilibrada, agradable y productiva.

Si el sarcasmo cierra las puertas para una buena comunicación y una colaboración activa, la ironía las abre y promueve la participación y la solidaridad.

La ironía nos libera de la intolerancia y de la arrogancia, y nos permite gobernar la realidad en lugar de ser gobernados por ella.

www.ingramcontent.com/pod-product-compliance
Lightning Source LLC
LaVergne TN
LVHW051351080426
835509LV00020BA/3387